Hemelse Taarten

Een Zoete Verleiding voor Iedere Gelegenheid

Elise van der Meer

Inhoud

bevroren glazuur 12

Ijskoffie glazuur 12

Bevroren citroenglazuur 13

oranje glazuur 13

Bevroren Rum Glazuur 14

Vanille-ijsglazuur..14

Gekookt chocoladeglazuur 15

Chocolade- en kokoscoating...15

Het voltooien van de fudget 16

Zoete roomkaasvulling 16

Amerikaanse fluweelglans..17

Botercrème glazuur 17

karamel glazuur 18

citroen glazuur...18

Koffie botercrème glazuur..19

Lady Baltimore springt...20

wit emaille 21

Romig wit glazuur 21

pluizig wit glazuur 22

bruine suikerglazuur 23

vanille topping 24

Room 25

Crème vulling...26

Deense crèmevulling 27

Rijke Deense custardvulling 28

ei vla 29

Gembercrème vulling 30

citroen garnering 31

chocolade glazuur 32

fruitcake glazuur 33

Oranje Fruitcake Glazuur 33

Amandelmeringuevierkantjes 34

engel valt 35

amandelvlokken 36

Bakewell-taartjes 37

Chocolade vlindertaarten 38

kokoskoekjes 39

zoete cupcakes 40

Koffiepunttaarten 41

Eccles-taarten 42

muffin 43

Veren Frosted Fairy Cakes 44

Genuese fantasieën 45

macaroni met amandelen 46

kokosmakronen 47

limoenpasta 48

havermoutpasta 49

Cupcake 50

Marsepeinen taarten 51

muffin 52

Appelmuffins 53

Bananenmuffins 54

Bessenmuffins 55

Amerikaanse bosbessenmuffins 56

kersenmuffins 57

chocolademuffins 58

chocolademuffins 59

kaneel taart 60

Maïsmeelmuffins 61

Muffins met hele vijgen 62

Fruit- en zemelenmuffins 63

Havermoutmuffins 64

Havermout en fruitmuffins 65

Oranje muffins 66

perzikmuffins 67

Pindakaasmuffins 68

ananasmuffins 69

Frambozenmuffins 70

Frambozen-citroenmuffins 71

Sultana-muffins 72

Muffins op siroop 73

Havermoutsiroopmuffins 74

havermout tosti 75

Aardbei omelet 76

Munt Taarten 76

rozijnenkoekjes 78

Rozijnen krullen 79

frambozen broodjes 80

Bruine rijst en zonnebloempannenkoekjes 81

taart met gedroogd fruit 82

Suikervrije rockpannenkoeken 83

Saffraan pannenkoeken 84

Boekweit met rum 85

Taartbal pannenkoeken 87

Chocolade koekjes 88

zomerse sneeuwballen 89

paddestoel druppels 90

basis meringue 91

amandel-meringue 92

Spaanse Amandel Meringue Koekjes 93

Gebakken Meringuemanden 94

amandelvlokken 95

Spaanse amandel-citroenmeringue 96

Met chocolade bedekte meringues 97

Meringue van chocolade en munt 98

Chocoladestukjes en walnootmeringue 98

hazelnootmeringue 99

Pecan-meringuelaagcake 100

Plakjes macaroni met hazelnoten 102

Meringue en walnootlaag 103

meringue bergen 104

Frambozen meringue crème 105

Ratafia-pannenkoeken 106

vacherin snoep 107

Gewoon broodjes 108

Heerlijke eierscones 109

appel broodjes 110

Appel- en kokosbrood 111

Appel- en dadelbrood 112

stukjes gerst 113

Datumbroodjes 114

Kruidenbroodjes 115

muesli brood 116

Sinaasappelstukjes en rozijnen 117

perenbroodjes 118

aardappel broodjes 119

rozijnenbroodjes 120

Melasse broodjes 121

Melasse en gemberbroodjes 122

Sultanabroodjes 123

Volkorenbrood op siroop 124

Yoghurt stukjes 125

Stukjes kaas 126

Volkoren kruidenbroodjes 127

Salami en kaaspijpen 128

volkoren broodjes 129

Conky uit Barbados 130

Gebakken kerstkoekjes 131

Maïsmeeltaarten 132

broodjes 133

donuts 134

aardappel pannen 135

Naan brood 136

Haver Bannocks.. 137

snoek 138

Laat de broodjes iets zakken 139

esdoorn broodjes 140

gegrilde broodjes 141

Gegrilde stukjes met kaas 142

Speciale Schotse pannenkoeken 143

Schotse fruitpannenkoekjes... 144

Schotse sinaasappelpannenkoekjes 145

bard zingt 146

Welshe taarten... 147

Welshe pannenkoeken 148

Mexicaans gekruid maisbrood 149

Zweeds platbrood 150

Gestoomd maïs- en roggebrood 151

Zoet gestoomd maisbrood.. 152

Volkoren chapati's... 153

volkoren pers 154

Amandel koekjes 155

Amandel krullen... 156

amandel ringen 157

Mediterrane amandelkoekjes... 158

Amandel- en chocoladekoekjes 159

Amish fruit- en notenkoekjes... 160

anijs koekjes... 161

Bananenkoekjes, havermout, sinaasappelsap............................... 162

Basis cookies 163

Knapperige zemelenkoekjes 164

sesam koekjes 165

Brandewijn- en komijnkoekjes 166

Brandewijn Snapp 167

Boterkoekjes 168

Karamel koekjes 169

Karamel koekjes 170

Wortel- en walnootkoekjes 171

Oranje geglazuurde wortel- en walnootkoekjes 172

kersen koekjes 174

Kersen- en amandelringen 175

Chocoladeboterkoekjes 176

Chocolade- en kersenbroodjes 177

Chocoladetaartjes 178

Chocolade- en bananenkoekjes 179

Chocolade- en notenhapjes 180

Amerikaanse chocoladerepen 181

chocolade crèmes 182

Chocolade- en hazelnootkoekjes 183

Chocolade- en nootmuskaatkoekjes 184

Met chocolade bedekte koekjes 185

Sandwichkoekjes met koffie en chocolade 186

kerstkoekjes 188

kokoskoekjes 189

Maïskoekjes met fruitroom 190

Cornish koekjes 191

Volkoren crackers met rozijnen 192

Datumsandwichkoekjes 193

Spijsverteringscrackers (Graham Crackers) 194

paaskoekjes 195

Florentijnen 196

Florentijnse chocolade 197

Luxe Florentijnse chocolade 198

Fudge- en notenkoekjes 199

Duitse pallets 200

Gember koekje 201

gember koekjes 202

peperkoek man 203

Volkoren gemberkoekjes 204

Peperkoek en rijstkoekjes 205

gouden koekjes 206

hazelnoot koekjes 207

Krokante hazelnootkoekjes 208

Hazelnoot- en amandelkoekjes 209

Honing Koekjes 210

ratafia honing 211

Karnemelk- en honingkoekjes 212

Citroenboterkoekjes 213

Citroenkoekjes 214

goede Tijden 215

muesli koekjes 216

bevroren glazuur

Genoeg om een taart van 20 cm/8 inch mee te bedekken

2/3 kop/100 g (banketbakkers) poedersuiker, gezeefd

25-30 ml/1½-2 eetlepels water

Een paar druppels kleurstof voor levensmiddelen (optioneel)

Doe de suiker in een kom en meng beetje bij beetje met water tot het glazuur homogeen is. Indien gewenst, kleur met een paar druppels kleurstof. Het glazuur is ondoorzichtig bij toepassing op koude taarten en helder bij toepassing op warme taarten.

Ijskoffie glazuur

Genoeg om een taart van 20 cm/8 inch mee te bedekken

2/3 kop/100 g (banketbakkers) poedersuiker, gezeefd

25-30 ml/1½-2 eetlepels zeer sterke zwarte koffie

Doe de suiker in een kom en voeg geleidelijk de koffie toe tot het glazuur glad is.

Bevroren citroenglazuur

Genoeg om een taart van 20 cm/8 inch mee te bedekken

2/3 kop/100 g (banketbakkers) poedersuiker, gezeefd

25-30 ml/1½-2 eetlepels citroensap

Fijne schil van 1 citroen

Doe de suiker in een kom en meng geleidelijk het sap en de citroenschil tot het glazuur homogeen is.

oranje glazuur

Genoeg om een taart van 20 cm/8 inch mee te bedekken

2/3 kop/100 g (banketbakkers) poedersuiker, gezeefd

25-30 ml/1½-2 eetlepels sinaasappelsap

schil van 1 sinaasappel, fijn geraspt

Doe de suiker in een kom en meng geleidelijk met het sinaasappelsap en de schil tot het glazuur glad is.

Bevroren Rum Glazuur

Genoeg om een taart van 20 cm/8 inch mee te bedekken

2/3 kop/100 g (banketbakkers) poedersuiker, gezeefd

25-30 ml/1½-2 eetlepels rum

Doe de suiker in een kom en voeg geleidelijk de rum toe tot het glazuur glad is.

Vanille-ijsglazuur

Genoeg om een taart van 20 cm/8 inch mee te bedekken

2/3 kop/100 g (banketbakkers) poedersuiker, gezeefd

25 ml/1½ eetlepel water

Een paar druppels vanille-essence (extract)

Doe de suiker in een kom en meng geleidelijk met het water en het vanille-extract tot het glazuur glad is.

Gekookt chocoladeglazuur

Genoeg om een taart van 9/23 cm te bedekken

275 g kristalsuiker

100 g/4 oz/1 kopje natuurlijke chocolade (halfzoet)

50 g/2 oz/¼ kopje cacaopoeder (ongezoete chocolade).

120 ml/4 oz/½ kopje water

Breng alle ingrediënten aan de kook, roer tot alles goed gemengd is. Kook op middelhoog vuur op 108°C of wanneer zich een lange draad vormt tussen twee theelepels. Giet het mengsel in een grote kom en klop tot het dik en glanzend is.

Chocolade- en kokoscoating

Genoeg om een taart van 9/23 cm te bedekken

175 g/6 oz/1½ kopjes natuurlijke chocolade (halfzoet)

90 ml/6 eetlepels kokend water

225 g / 8 oz / 2 kopjes geraspte kokosnoot (versnipperd)

Maal de chocolade en het water in een blender of keukenmachine, voeg dan de kokosnoot toe en mix tot een gladde massa. Strooi er nog warme gewone taarten over.

Het voltooien van de fudget

Genoeg om een taart van 9/23 cm te bedekken

2 oz/¼ kopje/50 g boter of margarine

45 ml/3 eetlepels cacaopoeder (ongezoete chocolade).

60 ml/4 eetlepels melk

15 oz (425 g) 2½ (banketbakkers) kopjes poedersuiker, gezeefd

5 ml/1 theelepel vanille-essence (extract)

Smelt de boter of margarine in een kleine pan en meng met de cacao en melk. Breng aan de kook, onder voortdurend roeren, en haal dan van het vuur. Voeg geleidelijk suiker en vanillesuiker toe en klop tot een gladde massa.

Zoete roomkaasvulling

Genoeg om een taart van 30 cm/12 inch mee te bedekken

100 g/4 oz/½ kopje roomkaas

25 g/1 oz/2 eetlepels boter of margarine, verzacht

350 g poedersuiker, gezeefd

5 ml/1 theelepel vanille-essence (extract)

30 ml/2 eetlepels lichte honing (optioneel)

Klop de roomkaas en de boter of margarine lichtjes tot een luchtig geheel. Voeg geleidelijk suiker en vanille toe tot een gladde massa. Eventueel zoeten met een beetje honing.

Amerikaanse fluweelglans

Genoeg om twee taarten van 9/23 cm te bedekken.

175 g/6 oz/1½ kopjes natuurlijke chocolade (halfzoet)

120 ml zure room

5 ml/1 theelepel vanille-essence (extract)

een snufje zout

400 g/14 oz/21/3 kopjes (banketbakkers) poedersuiker, gezeefd

Smelt de chocolade in een hittebestendige kom boven kokend water. Haal van het vuur en voeg de room, vanille-essence en zout toe. Voeg geleidelijk suiker toe tot een gladde massa.

Botercrème glazuur

Genoeg om een taart van 9/23 cm te bedekken

2 oz/¼ kopje/50 g boter of margarine, verzacht

250 g/9 oz/1½ kopjes poedersuiker, gezeefd

5 ml/1 theelepel vanille-essence (extract)

30 ml/2 eetlepels room (licht).

Klop de boter of margarine tot een gladde massa en voeg dan geleidelijk de suiker, het vanille-extract en de room toe tot een gladde en romige massa.

karamel glazuur

Genoeg om een taart van 23 cm/9 inch te vullen en te bedekken

100 g/4 oz/½ kopje boter of margarine

225 g/8 oz/1 kopje zoete bruine suiker

60 ml/4 eetlepels melk

350 g poedersuiker, gezeefd

Smelt boter of margarine en suiker op laag vuur, onder voortdurend roeren, tot een gladde massa. Voeg de melk toe en breng aan de kook. Haal van het vuur en laat afkoelen. Voeg de poedersuiker toe tot je een smeerbare consistentie verkrijgt.

citroen glazuur

Genoeg om een taart van 9/23 cm te bedekken

25 g/1 oz/2 eetlepels boter of margarine

5 ml/1 theelepel geraspte citroenschil

30 ml/2 eetlepels citroensap

250 g/9 oz/1½ kopjes poedersuiker, gezeefd

Klop de boter of margarine en de citroenschil licht en luchtig. Klop geleidelijk het citroensap en de suiker erdoor tot een gladde massa.

Koffie botercrème glazuur

Genoeg om een taart van 23 cm/9 inch te vullen en te bedekken

1 eiwit

75 g/3 oz/1/3 kop boter of margarine, verzacht

30 ml/2 eetlepels hete melk

5 ml/1 theelepel vanille-essence (extract)

15 ml/1 eetlepel gegranuleerde oploskoffie

een snufje zout

350 g poedersuiker, gezeefd

Meng eiwit, boter of margarine, warme melk, vanille-essence, koffie en zout. Voeg geleidelijk poedersuiker toe tot een gladde massa.

Lady Baltimore springt

Genoeg om een taart van 23 cm/9 inch te vullen en te bedekken

1/3 kop/2 oz/50 g rozijnen, gehakt

2 oz/50 g/¼ kopje geglazuurde (gekonfijte) kersen, gehakt

2 oz/½ kop/50 g pecannoten, gehakt

25 g/1 oz/3 eetlepels. gedroogde vijgen, gehakt

2 eiwitten

350 g kristalsuiker

Een snufje wijnsteen

75 ml/5 eetlepels koud water

een snufje zout

5 ml/1 theelepel vanille-essence (extract)

Combineer rozijnen, kersen, walnoten en vijgen. Klop het eiwit, de suiker, de wijnsteenroom, het water en het zout in een hittebestendige kom op een pan met kokend water gedurende ongeveer 5 minuten tot er stijve pieken ontstaan. Haal van het vuur en roer de vanillesmaak erdoor. Meng het fruit met een derde van het ijs en bestrijk hiermee de taarten. Verdeel vervolgens de rest over de bovenkant en langs de randen van de cake.

wit emaille

Genoeg om een taart van 9/23 cm te bedekken

225 g kristalsuiker

1 eiwit

30 ml/2 eetlepels water

15 ml/1 eetlepel gouden siroop (lichte maïs)

Klop de suiker, het eiwit en het water in een hittebestendige kom die op een pan met kokend water staat. Blijf maximaal 10 minuten kloppen, totdat het mengsel dikker wordt en stijve pieken vormt. Haal van het vuur en voeg de siroop toe. Blijf kloppen totdat het mengsel is verspreid.

Romig wit glazuur

Genoeg om een taart van 23 cm/9 inch te vullen en te bedekken

75 ml/5 eetlepels room (licht).

5 ml/1 theelepel vanille-essence (extract)

75 g roomkaas

2 theelepels/10 ml boter of margarine, zacht

een snufje zout

350 g poedersuiker, gezeefd

Meng de room, custard, roomkaas, boter of margarine en zout tot een gladde massa. Voeg geleidelijk poedersuiker toe tot een gladde massa.

pluizig wit glazuur

Genoeg om een taart van 23 cm/9 inch te vullen en te bedekken

2 eiwitten

350 g kristalsuiker

Een snufje wijnsteen

75 ml/5 eetlepels koud water

een snufje zout

5 ml/1 theelepel vanille-essence (extract)

Klop het eiwit, de suiker, de wijnsteenroom, het water en het zout in een hittebestendige kom die boven een pan met kokend water wordt geplaatst tot er stijve pieken ontstaan, ongeveer 5 minuten. Haal van het vuur en roer de vanillesmaak erdoor. Gebruik het om de cake te verdelen en verdeel de rest over de bovenkant en langs de randen.

bruine suikerglazuur

Genoeg om een taart van 9/23 cm te bedekken

225 g/8 oz/1 kopje zoete bruine suiker

1 eiwit

30 ml/2 eetlepels water

5 ml/1 theelepel vanille-essence (extract)

Klop de suiker, het eiwit en het water in een hittebestendige kom die op een pan met kokend water staat. Blijf maximaal 10 minuten kloppen, totdat het mengsel dikker wordt en stijve pieken vormt. Haal van het vuur en voeg vanillearoma toe. Blijf kloppen totdat het mengsel is verspreid.

vanille topping

Genoeg om een taart van 23 cm/9 inch te vullen en te bedekken

1 eiwit

75 g/3 oz/1/3 kop boter of margarine, verzacht

30 ml/2 eetlepels hete melk

5 ml/1 theelepel vanille-essence (extract)

een snufje zout

350 g poedersuiker, gezeefd

Meng eiwit, boter of margarine, hete melk, vanille-essence en zout. Voeg geleidelijk poedersuiker toe tot een gladde massa.

Room

Voor 1 liter/2½ kopjes/600 ml

100 g kristalsuiker

50 g/2 oz/¼ kopje maïzena

4 eierdooiers

600 ml/1 pt/2½ kopjes melk

1 vanillestokje (peul)

Poedersuiker (zoetwaren), gezeefd, om te bestrooien

Klop de helft van de suiker met de maizena en de eierdooiers tot er een mooi schuim ontstaat. Kook de rest van de suiker en de melk samen met het vanillestokje. Klop het suikermengsel door de hete melk en breng het opnieuw aan de kook, onder voortdurend kloppen, gedurende 3 minuten tot het ingedikt is. Giet het in een kom, bestrooi met poedersuiker zodat er geen vel ontstaat en laat afkoelen. Opnieuw schudden voor gebruik.

Crème vulling

Genoeg om een taart van 9/23 cm te vullen

325 ml/11 oz/11/3 kopjes melk

45 ml/3 eetlepels maïzena (maïzena)

60 g kristalsuiker

1 ei

15 ml/1 eetlepel boter of margarine

5 ml/1 theelepel vanille-essence (extract)

Meng 30 ml/2 eetlepels melk met maïzena, suiker en ei. Breng de resterende melk in een kleine pan aan de kook. Voeg geleidelijk de hete melk toe aan het eimengsel. Spoel de pan af, giet het mengsel in de pan en roer op laag vuur tot het dikker wordt. Meng boter of margarine en vanille-essence. Bedek met bakpapier (gewaxt) en laat afkoelen.

Deense crèmevulling

Voor 750 ml / 1¼ pts / 3 kopjes

2 eieren

50 g kristalsuiker

50 g/2 oz/½ kopje bloem (universeel)

600 ml/1 pt/2½ kopjes melk

¼ vanillestokje (peul)

Klop de eieren en suiker tot het dik is. Voeg beetje bij beetje de bloem toe. Breng de melk en het vanillestokje aan de kook. Verwijder het vanillestokje en voeg de melk toe aan het eimengsel. Doe terug in de pan en kook langzaam gedurende 2-3 minuten, terwijl je de hele tijd roert. Laat afkoelen voor gebruik.

Rijke Deense custardvulling

Voor 750 ml / 1¼ pts / 3 kopjes

4 eierdooiers

30 ml/2 eetlepels kristalsuiker

25 ml/1½ eetlepel gewone bloem (alle doeleinden)

10 ml / 2 theelepels aardappelzetmeel

450 ml/¾ pt/2 kopjes room (licht).

Een paar druppels vanille-essence (extract)

¼ pt/2/3 kop/150 ml room (zwaar), opgeklopt

Meng de eierdooiers, suiker, bloem en room in een pan. Klop op middelhoog vuur tot het mengsel begint in te dikken. Voeg de vanille-essence toe en laat afkoelen. Voeg de slagroom toe.

ei vla

Voor 1¼ kopje/½ pt/300 ml

2 eieren, gescheiden

45 ml/3 eetlepels maïzena (maïzena)

300 ml/½ pt/1¼ kopje melk

Een paar druppels vanille-essence (extract)

50 g kristalsuiker

Meng de eidooiers, maïzena en melk in een kleine pan tot ze goed gemengd zijn. Breng op middelhoog vuur aan de kook en kook vervolgens 2 minuten onder voortdurend roeren. Voeg de vanille-essence toe en laat afkoelen.

Klop de eiwitten totdat ze een stevig schuim vormen, voeg dan de helft van de suiker toe en klop opnieuw tot de eiwitten een stevig schuim vormen. Voeg de rest van de suiker toe. Voeg het roommengsel toe en zet in de koelkast tot gebruik.

Gembercrème vulling

Genoeg om een taart van 9/23 cm te vullen

100 g/4 oz/½ kopje boter of margarine, verzacht

22/3 kopjes/1 pond/450 g poedersuiker (banketbakkers), gezeefd

5 ml/1 theelepel gemalen gember

30 ml/2 eetlepels melk

75 g/3 oz/¼ kopje donkere siroop (melasse)

Klop de boter of margarine met de suiker en gember licht en romig. Voeg geleidelijk melk en siroop toe tot een gladde en smeerbare massa. Als de vulling te dun is, voeg dan een beetje suiker toe.

citroen garnering

Voor 250 ml / 8 fl oz / 1 kopje

100 g kristalsuiker

30 ml/2 eetlepels maïsmeel (maïzena)

60 ml/4 eetlepels citroensap

15 ml / 1 eetlepel geraspte citroenschil

120 ml/4 oz/½ kopje water

een snufje zout

15 ml/1 eetlepel boter of margarine

Combineer alle ingrediënten behalve boter of margarine in een kleine pan op laag vuur en roer zachtjes tot alles goed gemengd is. Breng aan de kook en kook gedurende 1 minuut. Voeg de boter of margarine toe en laat afkoelen. Koel voor gebruik.

chocolade glazuur

Waarmee glazuur ik een taart van 25 cm/10

50 g/2 oz/½ kop natuurlijke chocolade (halfzoet), gehakt

2 oz/¼ kopje/50 g boter of margarine

2,5 ml/½ theelepel vanille-essence (extract)

75 ml/5 eetlepels kokend water

350 g poedersuiker, gezeefd

Meng alle ingrediënten in een blender of keukenmachine tot een gladde massa en voeg indien nodig sapingrediënten toe. Gebruik het onmiddellijk.

fruitcake glazuur

Waarmee glazuur ik een taart van 25 cm/10

75 ml/5 eetlepels gouden siroop (lichte maïs)

60 ml/4 eetlepels ananas- of sinaasappelsap

Meng de siroop en het sap in een kleine pan en breng aan de kook. Haal van het vuur en verdeel het mengsel over de bovenkant en zijkanten van de afgekoelde cake. Laat het rusten. Kook het glazuur opnieuw en breng een nieuwe laag aan op de cake.

Oranje Fruitcake Glazuur

Waarmee glazuur ik een taart van 25 cm/10

50 g kristalsuiker

30 ml/2 eetlepels sinaasappelsap

10 ml/2 theelepels geraspte sinaasappelschil

Combineer de ingrediënten in een kleine pan en breng aan de kook, onder voortdurend roeren. Haal van het vuur en verdeel het mengsel over de bovenkant en zijkanten van de afgekoelde cake. Laat het rusten. Kook het glazuur opnieuw en breng een nieuwe laag aan op de cake.

Amandelmeringuevierkantjes

geef 12

225 g boterdeeg

60 ml/4 eetlepels frambozenjam (bewaard)

2 eiwitten

50 g gemalen amandelen

100 g kristalsuiker

Een paar druppels amandelessence (extract)

1 ounce/¼ kopje geschaafde amandelen (gehakt)

Rol het deeg uit (deeg) en bekleed een ingevette briochevorm
(geleivorm) van 30 x 20 cm/12 x 8. Bestrijk met jam. Klop de
eiwitten stijf en voeg dan voorzichtig de gemalen amandelen,
suiker en amandelessence toe. Verdeel de jam erover en bestrooi
met geschaafde amandelen. Bak in een voorverwarmde oven op
180°C/350°F/thermostaat 4 gedurende 45 minuten tot ze
goudbruin en knapperig zijn. Laat afkoelen en snij dan in
vierkantjes.

engel valt

geef 24

2 oz/¼ kopje/50 g boter of margarine, verzacht

50 g reuzel (ingekort)

100 g kristalsuiker

1 klein ei, losgeklopt

Een paar druppels vanille-essence (extract)

175 g/6 oz/1½ kopjes zelfrijzend bakmeel (gerezen)

45 ml/3 eetlepels haver

2 oz/50 g/¼ kopje geglazuurde kersen (gekonfijt), gehalveerd

Klop de boter of margarine, het reuzel en de suiker licht en luchtig. Voeg het ei en de vanille-essence toe, voeg de bloem toe en meng tot je een stevig deeg verkrijgt. Snij er balletjes van en rol ze door de haver. Verdeel goed over een ingevette bakplaat en strooi elke kers. Bak in een voorverwarmde oven op 180°C/350°F/thermostaat 4 gedurende 20 minuten tot het gaar is. Laat afkoelen op het blad.

amandelvlokken

geef 12

100 g/4 oz/½ kopje boter of margarine

225 g/8 oz/2 kopjes gewone bloem (voor alle doeleinden)

5 ml/1 theelepel bakpoeder

50 g kristalsuiker

1 ei, gescheiden

75 ml/5 eetlepels frambozenjam (uit blik)

2/3 kop/100 g (banketbakkers) poedersuiker, gezeefd

100 g / 4 oz / 1 kopje geschaafde amandelen (gesneden)

Boter of margarine wordt ingewreven met bloem en bakpoeder totdat het mengsel op broodkruimels lijkt. Voeg de suiker toe, daarna de eidooier en kneed tot een stevig deeg. Rol het uit op een licht met bloem bestoven oppervlak, zodat het past in een ingevette briochevorm van 30 x 20 cm/12 x 8. Druk voorzichtig in de vorm en til de randen van het deeg iets op, zodat er een rand ontstaat. Verspreid met jam. Klop de eiwitten stijf en voeg geleidelijk de poedersuiker toe. Verdeel de jam erover en bestrooi met amandelen. Bak in een voorverwarmde oven op 160°C/325°F/thermostaat 3 gedurende 1 uur tot ze goudbruin en stevig zijn. Laat het 5 minuten afkoelen in de pan, pureer het dan met je vingers en plaats het op een rooster om volledig af te koelen.

Bakewell-taartjes

geef 24

Voor gebak:

25 g / 1 oz / 2 eetlepels silava (ingekort)

25 g/1 oz/2 eetlepels boter of margarine

100 g/4 oz/1 kopje gewone bloem (universeel)

een snufje zout

30 ml/2 eetlepels water

45 ml/3 eetlepels frambozenjam (uit blik)

Voor het vullen:

2 oz/¼ kopje/50 g boter of margarine, verzacht

50 g kristalsuiker

1 ei, lichtgeklopt

25 g/1 oz/¼ kopje zelfrijzend bakmeel (gerezen)

25 g gemalen amandelen

Een paar druppels amandelessence (extract)

Kneed voor het deeg het spek en de boter of margarine met de bloem en het zout tot het mengsel op broodkruim lijkt. Meng voldoende water om een zacht deeg te maken. Dun uitspreiden op een met bloem bestoven oppervlak, in plakjes van 3/7 cm snijden en gebruiken om twee ingevette broodpannen (vleesblikken) te bekleden. Jam vulling.

Meng voor de vulling boter of margarine en suiker en voeg beetje bij beetje het ei toe. Giet de bloem, gemalen amandelen en amandelessence erbij. Giet het mengsel in de taartjes en sluit de randen aan op het deeg, zodat de jam volledig bedekt is. Bak in een voorverwarmde oven op 180°C/thermostaat 4 gedurende 20 minuten tot ze goudbruin zijn.

37

Chocolade vlindertaarten

Voor ongeveer 12 taarten

Voor taarten:

100 g/4 oz/½ kopje boter of margarine, verzacht

100 g kristalsuiker

2 eieren, lichtgeklopt

100 g zelfrijzend bakmeel

30 ml/2 eetlepels cacaopoeder (ongezoete chocolade).

een snufje zout

30 ml/2 eetlepels koude melk

Voor glazuur (glazuur):

2 oz/¼ kopje/50 g boter of margarine, verzacht

2/3 kop/100 g (banketbakkers) poedersuiker, gezeefd

10 ml/2 theelepels warme melk

Om taarten te maken, klop je boter of margarine en suiker tot het licht en luchtig is. Voeg beetje bij beetje de eieren toe, afgewisseld met de bloem, cacao en zout, en voeg vervolgens de melk toe tot je een glad mengsel verkrijgt. Giet het mengsel in papieren cakevormen (cupcakepannen) of ingevette broodpannen (steakpannen) en bak in een voorverwarmde oven op 190°/375°F/thermostaat 5 gedurende 15 tot 20 minuten tot ze zacht zijn. Ze zijn goed opgeblazen en flexibel. Laten afkoelen. Snijd de bovenkant van de cupcakes horizontaal door en snijd ze vervolgens verticaal doormidden om vlindervleugels te vormen.

Klop de boter of margarine glad om het glazuur te maken en voeg dan de helft van de poedersuiker toe. Klop de melk erdoor en vervolgens de rest van de suiker. Verdeel het ijsmengsel over de cakes en druk vervolgens de "vleugels" diagonaal op de bovenkant van de cakes.

kokoskoekjes

geef 12

100 g zandkoekjes

2 oz/¼ kopje/50 g boter of margarine, verzacht

50 g kristalsuiker

1 losgeklopt ei

25 g / 1 oz / 2 eetlepels rijstmeel

50 g/2 oz/½ kopje geraspte kokosnoot (versnipperd)

¼ theelepel/1,5 ml bakpoeder

60 ml/4 eetl. chocolade crème

Rol het deeg (deeg) uit en bekleed de delen van de broodvorm
(vleesvorm). Klop de boter of margarine en de suiker romig en
klop het ei en het rijstmeel erdoor. Combineer kokosnoot en
bakpoeder. Verdeel op elke stapel deeg (taartbodem) een klein
lepeltje chocopasta. Giet het kokosmengsel erover en bak in de
voorverwarmde oven op 200°C/thermostaat 6 gedurende 15
minuten tot het gepoft en goudbruin is.

zoete cupcakes

geef 15

100 g/4 oz/½ kopje boter of margarine, verzacht

225 g kristalsuiker

2 eieren

5 ml/1 theelepel vanille-essence (extract)

175 g/6 oz/1½ kopjes zelfrijzend bakmeel (gerezen)

5 ml/1 theelepel bakpoeder

een snufje zout

75 ml/5 eetlepels melk

Klop de boter of margarine en de suiker licht en luchtig. Voeg geleidelijk de eieren en de banketbakkersroom toe en klop goed na elke toevoeging. Voeg de bloem, het bakpoeder en het zout afwisselend met de melk toe en klop goed. Giet het mengsel in papieren cakevormen (cupcakepapiertjes) en bak in een voorverwarmde oven op 190°C/375°F/thermostaat 5 gedurende 20 minuten, totdat een tandenstoker die je in het midden steekt er schoon uitkomt.

Koffiepunttaarten

geef 12

Voor taarten:

100 g/4 oz/½ kopje boter of margarine, verzacht

100 g kristalsuiker

2 eieren, lichtgeklopt

100 g zelfrijzend bakmeel

10 ml/2 theelepel koffie-essence (extract)

Voor glazuur (glazuur):

2 oz/¼ kopje/50 g boter of margarine, verzacht

2/3 kop/100 g (banketbakkers) poedersuiker, gezeefd

Een paar druppels koffie-essence (extract)

100 g/4 oz/1 kopje chocoladestukjes

Om taarten te maken, klop je boter of margarine en suiker tot het licht en luchtig is. Voeg beetje bij beetje de eieren toe en voeg de bloem en de koffie-essence toe. Giet het mengsel in papieren cakevormen (cupcakepapier) bekleed met een deegroller (vleesvorm) en bak in een voorverwarmde oven op 180°C/350°F/thermostaat 4 gedurende 20 minuten tot ze goed gepoft en veerkrachtig zijn. Laten afkoelen.

Klop de boter of margarine glad om het glazuur te maken en voeg dan de poedersuiker en de koffie-essence toe. Verdeel het oppervlak van de cakes en decoreer met chocoladestukjes.

Eccles-taarten

Dag 16

2 oz/¼ kopje/50 g boter of margarine

50 g/2 oz/¼ kopje zoete bruine suiker

225 g rozijnen

450 g bladerdeeg of bladerdeeg

Een beetje melk

45 ml/3 eetlepels fijne suiker

Smelt de boter of margarine en de bruine suiker op laag vuur en roer goed. Haal van het vuur en voeg krenten toe. Iets afkoelen. Het deeg (deeg) wordt uitgerold op een met bloem bestoven oppervlak en in 16 cirkels gesneden. Verdeel het vulmengsel over de cirkels, vouw de randen naar het midden en bestrijk ze met water om de randen af te dichten. Draai de cakes om en rol ze voorzichtig uit met een deegroller, zodat ze iets plat worden. Snijd er drie plakjes op, besprenkel met melk en bestrooi met suiker. Leg ze op een ingevette bakplaat en bak ze in een voorverwarmde oven op 200°C/thermostaat 6 gedurende 20 minuten tot ze goudbruin zijn.

muffin

ongeveer 12 geleden

100 g/4 oz/½ kopje boter of margarine, verzacht

100 g kristalsuiker

2 eieren, lichtgeklopt

100 g zelfrijzend bakmeel

een snufje zout

30 ml/2 theelepels melk

Een paar druppels vanille-essence (extract)

Klop de boter of margarine en de suiker licht en luchtig. Voeg geleidelijk de eieren toe, afgewisseld met de bloem en het zout, en voeg vervolgens de melk en de vanille-essence toe tot een gladde massa. Giet het mengsel in papieren cakevormen (cupcakevormen) of ingevette broodvormen (steakvormen) en bak in een voorverwarmde oven op 190°C/thermostaat 5 gedurende 15-20 minuten tot ze zacht zijn.

Veren Frosted Fairy Cakes

geef 12

2 oz/¼ kopje/50 g boter of margarine, verzacht

50 g kristalsuiker

1 ei

50 g/2 oz/½ kopje zelfrijzend bakmeel (gerezen)

100 g/4 oz/2/3 kop (banketbakkers) poedersuiker

15 ml / 1 eetlepel warm water

Een paar druppels kleurstof voor levensmiddelen

Klop de boter of margarine en de suiker licht en luchtig. Voeg beetje bij beetje het ei toe en voeg vervolgens de bloem toe. Verdeel het mengsel over 12 papieren vormpjes (cupcakevormpjes) bekleed met muffinvormpjes (steakvormpjes). Bak in een voorverwarmde oven op 160°C/325°F/thermostaat 3 gedurende 15-20 minuten tot het gepoft en veerkrachtig is. Laten afkoelen.

Meng poedersuiker en warm water. Kleur een derde van het glazuur met kleurstof naar keuze. Verdeel het witte glazuur over de taart. Spuit het gekleurde glazuur in lijnen over de taart en laat de punt van het mes loodrecht op de lijnen lopen, eerst in de ene richting en dan in de andere richting, om een golvend patroon te creëren. Laten nemen.

Genuese fantasieën

geef 12

3 eieren, lichtgeklopt

75 g kristalsuiker

75 g zelfrijzend bakmeel (gerezen)

Een paar druppels vanille-essence (extract)

25 g/1 oz/2 eetlepels boter of margarine, gesmolten en afgekoeld

60 ml/4 eetlepels abrikozenjam (uit blik), gezeefd

60 ml / 4 eetlepels water

8 oz/11/3 kopjes/225 g poedersuiker (banketbakkerssuiker), gezeefd

Een paar druppels roze en blauwe kleurstof (optioneel)

Taartversieringen

Doe de eieren en de poedersuiker in een hittebestendige kom die boven kokend water staat. Klop totdat het mengsel in reepjes van het schuim scheidt. Voeg de bloem en de vanille-essence toe en vervolgens de boter of margarine. Giet het mengsel in een beboterde muffinvorm van 30 x 20 cm/12 x 8 cm en bak in een voorverwarmde oven op 190 °C/thermostaat 5 gedurende 30 minuten. Laten afkoelen en vervolgens in vormpjes snijden. Verwarm de jam met 30 ml/2 el. water en verdeel dit over de taarten.

Zeef de poedersuiker in een kom. Als je wilt dat het glazuur verschillende kleuren heeft, verdeel het dan in aparte kommen en maak een kuiltje in het midden van elke kom. Voeg geleidelijk een paar druppels voedselkleurstof toe en voldoende resterend water om te mengen tot je een vrij stijve glazuur hebt. Verdeel het over de taarten en decoreer naar wens.

macaroni met amandelen

Dag 16

rijstpapier

100 g kristalsuiker

50 g gemalen amandelen

5 ml/1 theelepel gemalen rijst

Een paar druppels amandelessence (extract)

1 eiwit

8 geschaafde amandelen, gehalveerd

Bekleed de bakplaat (koekjes) met rijstpapier. Meng alle ingrediënten, behalve de geblancheerde amandelen, tot een stevige pasta ontstaat en klop goed. Schep lepels van het mengsel op de bakplaat en beleg elk met een halve amandel. Bak in een voorverwarmde oven op 150°C/325°F/thermostaat 3 gedurende 25 minuten. Laat afkoelen op de bakplaat en snij of scheur ze stuk voor stuk los van het vel rijstpapier.

kokosmakronen

Dag 16

2 eiwitten

150 g kristalsuiker

150 g/5 oz/1¼ kopjes gedroogde kokosnoot (geraspt)

rijstpapier

8 geglazuurde kersen (gekonfijt), in tweeën gesneden

Klop de eiwitten op tot er stijve pieken ontstaan. Klop de suiker tot het deeg stijve pieken vormt. Voeg de kokosnoot toe. Leg een rijstvel op een bakplaat en giet het mengsel op de bakplaat. Leg op elk een halve kers. Bak in een voorverwarmde oven op 160°C/thermostaat 3 gedurende 30 minuten tot het gaar is. Laat het rijstpapier afkoelen en knip of scheur ze stuk voor stuk los van het rijstpapiervel.

limoenpasta

geef 12

100 g zandkoekjes

60 ml/4 eetlepels limoenjam

2 eiwitten

50 g kristalsuiker

25 g gemalen amandelen

10 ml/2 theelepels gemalen rijst

5 ml/1 theelepel oranjebloesemwater

Rol het deeg (deeg) uit en bekleed de delen van de broodvorm (vleesvorm). Giet een klein lepeltje jam in elke taartbodem (taartbodem). Klop de eiwitten op tot er stijve pieken ontstaan. Klop de suiker stijf en glanzend. Voeg de amandelen, rijst en oranjebloesemwater toe. Giet het in de vormpjes en bedek de jam volledig. Bak in een voorverwarmde oven op 180°C/350°F/thermostaat 4 gedurende 30 minuten tot het gepoft en goudbruin is.

havermoutpasta

geef 24

175 g/6 oz/1½ kopjes havermout

175 g muscovadosuiker

120 ml olie

1 ei

2,5 ml/½ theelepel zout

2,5 ml/½ theelepel amandelessence (extract)

Meng de havervlokken, suiker en olie en laat dit 1 uur rusten. Klop het ei, het zout en de amandelessence los. Schep lepels van het mengsel op een ingevette bakplaat en bak in een voorverwarmde oven op 160°C/thermostaat 3 gedurende 20 minuten tot ze goudbruin zijn.

Cupcake

Dag 9

100 g/4 oz/½ kopje boter of margarine, verzacht

100 g kristalsuiker

2 eieren, lichtgeklopt

100 g zelfrijzend bakmeel

175 g/½ kopje aardbeien- of frambozenjam (ingeblikt)

60 ml / 4 eetlepels water

50 g/2 oz/½ kopje geraspte kokosnoot (versnipperd)

5 geglazuurde kersen (gekonfijt), in tweeën gesneden

Klop de boter of margarine licht en luchtig en klop vervolgens de suiker erdoor tot het licht en luchtig is. Voeg beetje bij beetje de eieren toe en voeg de bloem toe. Giet het mengsel in negen ingevette dariole-vormpjes en plaats het op een bakplaat. Bak in een voorverwarmde oven op 190°C/thermostaat 5 gedurende 20 minuten tot het goed gepoft en goudbruin is. Laat 5 minuten afkoelen in de pannen en stort vervolgens op een rooster om volledig af te koelen.

Snijd de bovenkant van elke cake af om een gelijkmatige basis te creëren. Zeef (zeef) de jam en kook met water in een kleine pan, al roerend tot alles goed gemengd is. Verdeel de kokosnoot op een groot vel perkamentpapier (vetvrij). Steek de spiesjes in de bodem van de eerste cake, bestrijk ze met het jamglazuur en rol ze vervolgens door de kokosnoot om ze te bedekken. Plaats op een serveerschaal. Herhaal met andere taarten. Garneer met gehalveerde glaskersen.

Marsepeinen taarten

ongeveer 12 geleden

450 g gemalen amandelen

2/3 kop/100 g (banketbakkers) poedersuiker, gezeefd

100 g kristalsuiker

30 ml/2 eetlepels water

3 eiwitten

Voor glazuur (glazuur):

2/3 kop/100 g (banketbakkers) poedersuiker, gezeefd

1 eiwit

2,5 ml/½ theelepel azijn

Doe alle ingrediënten voor de cake in een pan en roer voorzichtig totdat het beslag al het vocht heeft opgenomen. Haal van het vuur en laat afkoelen. Op een licht met bloem bestoven werkblad met een deegroller een dikte van 1/2 cm uitrollen en in reepjes van 1½/3 cm snijden. Snij in stukken van 5 cm, plaats ze op een ingevette bakplaat en bak ze in een voorverwarmde oven op 150°C/thermostaat 2 gedurende 20 minuten, tot de bovenkant lichtbruin is. Laten afkoelen.

Om het glazuur te maken, klop je het eiwit en de azijn geleidelijk door de poedersuiker tot je een glad, dik glazuur krijgt. Giet het glazuur over de taarten.

muffin

geef 12

225 g/8 oz/2 kopjes gewone bloem (voor alle doeleinden)

100 g kristalsuiker

10 ml / 2 theelepels bakpoeder

2,5 ml/½ theelepel zout

1 ei, lichtgeklopt

250 ml/8 oz/1 kopje melk

120 ml olie

Meng de bloem, suiker, gist en zout en maak een kuiltje in het midden. Combineer de rest van de ingrediënten en meng ze door de droge ingrediënten tot ze gecombineerd zijn. Meng niet te veel. Giet het mengsel in ingevette (papieren) muffinvormpjes of muffinvormpjes en bak in de voorverwarmde oven op 200°C/thermostaat 6 gedurende 20 minuten tot het goed gepoft en veerkrachtig is.

Appelmuffins

geef 12

225 g/8 oz/2 kopjes gewone bloem (voor alle doeleinden)

100 g kristalsuiker

10 ml / 2 theelepels bakpoeder

2,5 ml/½ theelepel zout

1 ei, lichtgeklopt

250 ml/8 oz/1 kopje melk

120 ml olie

2 eetbare appels (dessert), geschild, klokhuis verwijderd en in stukjes gesneden

Meng de bloem, suiker, gist en zout en maak een kuiltje in het midden. Combineer de rest van de ingrediënten en meng ze door de droge ingrediënten tot ze gecombineerd zijn. Meng niet te veel. Giet het mengsel in ingevette (papieren) muffinvormpjes of muffinvormpjes en bak in de voorverwarmde oven op 200°C/thermostaat 6 gedurende 20 minuten tot het goed gepoft en veerkrachtig is.

Bananenmuffins

geef 12

225 g/8 oz/2 kopjes gewone bloem (voor alle doeleinden)

100 g kristalsuiker

10 ml / 2 theelepels bakpoeder

2,5 ml/½ theelepel zout

1 ei, lichtgeklopt

250 ml/8 oz/1 kopje melk

120 ml olie

2 bananen, gepureerd

Meng de bloem, suiker, gist en zout en maak een kuiltje in het midden. Combineer de rest van de ingrediënten en meng ze door de droge ingrediënten tot ze gecombineerd zijn. Meng niet te veel. Giet het mengsel in ingevette (papieren) muffinvormpjes of muffinvormpjes en bak in de voorverwarmde oven op 200°C/thermostaat 6 gedurende 20 minuten tot het goed gepoft en veerkrachtig is.

Bessenmuffins

geef 12

225 g/8 oz/2 kopjes zelfrijzend bakmeel (gerezen)

75 g kristalsuiker

2 eiwitten

75 g zwarte bessen

200 ml / 7 fl oz / bijna 1 kopje melk

30 ml/2 eetlepels olie

Meng bloem en suiker. Klop de eiwitten lichtjes schuimig en meng ze vervolgens met de droge ingrediënten. Voeg de zwarte bessen, melk en olie toe. Giet het mengsel in de ingevette muffinvormpjes en bak in de voorverwarmde oven op 200°C/thermostaat 6 gedurende 15-20 minuten tot ze goudbruin zijn.

Amerikaanse bosbessenmuffins

geef 12

150 g/5 oz/1¼ kopjes gewone bloem (universeel)

75 g maïzena

75 g kristalsuiker

10 ml / 2 theelepels bakpoeder

een snufje zout

1 ei, lichtgeklopt

75 g/3 oz/1/3 kopje boter of margarine, gesmolten

250 ml / 8 fl oz / 1 kopje karnemelk

100 g bosbessen

Meng de bloem, maïsmeel, suiker, bakpoeder en zout en maak een kuiltje in het midden. Voeg het ei, de boter of margarine en de karnemelk toe en meng tot een gladde massa. Combineer bosbessen of bramen. Giet de cupcakes in vormpjes (van papier) en bak ze in een voorverwarmde oven op 200°C/thermostaat 6 gedurende 20 minuten tot ze goudbruin en elastisch zijn.

kersenmuffins

geef 12

225 g/8 oz/2 kopjes gewone bloem (voor alle doeleinden)

100 g kristalsuiker

100 g geglazuurde kersen (gekonfijt)

10 ml / 2 theelepels bakpoeder

2,5 ml/½ theelepel zout

1 ei, lichtgeklopt

250 ml/8 oz/1 kopje melk

120 ml olie

Meng de bloem, suiker, kersen, bakpoeder en zout en maak een kuiltje in het midden. Combineer de rest van de ingrediënten en meng ze door de droge ingrediënten tot ze gecombineerd zijn. Meng niet te veel. Giet het mengsel in ingevette (papieren) muffinvormpjes of muffinvormpjes en bak in de voorverwarmde oven op 200°C/thermostaat 6 gedurende 20 minuten tot het goed gepoft en veerkrachtig is.

chocolademuffins

Dag 10-12

175 g/6 oz/1½ kopjes gewone bloem (universeel)

40 g/1½ oz/1/3 kop cacaopoeder (ongezoete chocolade)

100 g kristalsuiker

10 ml / 2 theelepels bakpoeder

2,5 ml/½ theelepel zout

1 groot ei

250 ml/8 oz/1 kopje melk

2,5 ml/½ theelepel vanille-essence (extract)

120 ml / 4 fl oz / ½ kopje zonnebloem- of plantaardige olie

Meng de droge ingrediënten en maak een kuiltje in het midden. Meng het ei, de melk, de vanille-essence en de olie voorzichtig. Voeg de vloeistof snel toe aan de droge ingrediënten tot ze gecombineerd zijn. Verpest het niet; Het mengsel moet klonterig zijn. Giet de cupcake in de vormpjes (papier) of vormpjes (vormpjes) en bak in een voorverwarmde oven op 200°C/400°F/thermostaat 6 gedurende ongeveer 20 minuten, tot hij goed gepoft en elastisch is.

chocolademuffins

geef 12

175 g/6 oz/1½ kopjes gewone bloem (universeel)

100 g kristalsuiker

45 ml/3 eetlepels cacaopoeder (ongezoete chocolade).

100 g/4 oz/1 kopje chocoladestukjes

10 ml / 2 theelepels bakpoeder

2,5 ml/½ theelepel zout

1 ei, lichtgeklopt

250 ml/8 oz/1 kopje melk

120 ml olie

2,5 ml/½ theelepel vanille-essence (extract)

Meng de bloem, suiker, cacao, chocoladestukjes, bakpoeder en zout en maak een kuiltje in het midden. Combineer de rest van de ingrediënten en meng ze door de droge ingrediënten tot ze gecombineerd zijn. Meng niet te veel. Giet het mengsel in ingevette (papieren) muffinvormpjes of muffinvormpjes en bak in de voorverwarmde oven op 200°C/thermostaat 6 gedurende 20 minuten, tot het goed gepoft en veerkrachtig is.

kaneel taart

geef 12

225 g/8 oz/2 kopjes gewone bloem (voor alle doeleinden)

100 g kristalsuiker

10 ml / 2 theelepels bakpoeder

5 ml/1 theelepel gemalen kaneel

2,5 ml/½ theelepel zout

1 ei, lichtgeklopt

250 ml/8 oz/1 kopje melk

120 ml olie

Meng de bloem, suiker, gist, kaneel en zout en maak een kuiltje in het midden. Combineer de rest van de ingrediënten en meng ze door de droge ingrediënten tot ze gecombineerd zijn. Meng niet te veel. Giet het mengsel in ingevette (papieren) muffinvormpjes of muffinvormpjes en bak in de voorverwarmde oven op 200°C/thermostaat 6 gedurende 20 minuten tot het goed gepoft en veerkrachtig is.

Maïsmeelmuffins

geef 12

50 g/2 oz/½ kopje bloem (universeel)

100 g maïsmeel

5 ml/1 theelepel bakpoeder

1 ei, gescheiden

1 eierdooier

30 ml/2 eetlepels maïsolie

30 ml/2 eetlepels melk

Meng bloem, maïsmeel en bakpoeder. Meng de eierdooiers, olie en melk en meng ze vervolgens door de droge ingrediënten. Klop het eiwit stijf en spatel het vervolgens door het mengsel. Giet het mengsel in ingevette (papieren) muffinvormpjes of muffinvormpjes en bak in de voorverwarmde oven op 200°C/thermostaat 6 in ongeveer 20 minuten goudbruin.

Muffins met hele vijgen

Geef het 10

100 g volkorenmeel

5 ml/1 theelepel bakpoeder

50 g/2 oz/½ kopje haver

1/3 kop/2 oz/50 g gedroogde vijgen, gehakt

45 ml/3 eetlepels olie

75 ml/5 eetlepels melk

15 ml/1 eetlepel donkere siroop (melasse)

1 ei, lichtgeklopt

Meng de bloem, het bakpoeder en de havermout en voeg dan de vijgen toe. Verhit de olie, melk en siroop tot ze gecombineerd zijn, meng dan de droge ingrediënten met het ei en mix tot er een stevig deeg ontstaat. Schep lepels van het mengsel in muffinvormpjes (papier) of ingevette muffinvormpjes (vormpjes) en bak ze in de voorverwarmde oven op 190°C/thermostaat 5 gedurende ongeveer 20 minuten tot ze gaar zijn.

Fruit- en zemelenmuffins

geef 8

100 g volkoren granen

50 g/2 oz/½ kopje bloem (universeel)

2,5 ml/½ theelepel bakpoeder

5 ml/1 theelepel zuiveringszout (zuiveringszout)

5 ml/1 theelepel. gemalen kruiden (appeltaart)

50 g rozijnen

100 g appelmoes (saus)

5 ml/1 theelepel vanille-essence (extract)

30 ml/2 eetlepels melk

Meng de droge ingrediënten en maak een kuiltje in het midden. Voeg de rozijnen, appelmoes, vla en voldoende melk toe om een luchtig mengsel te maken. Giet het mengsel in ingevette muffinvormpjes (papier) of muffinvormpjes (vormpjes) en bak in de voorverwarmde oven op 200°C/thermostaat 6 gedurende 20 minuten, tot het goed gepoft en goudbruin is.

Havermoutmuffins

geef 20

100 g/4 oz/1 kop gerolde haver

100 g/4 oz/1 kop gerolde haver

225 g volkorenmeel

10 ml / 2 theelepels bakpoeder

50 g rozijnen (optioneel)

375 ml/13 oz/1½ kopje melk

10 ml / 2 theelepels olie

2 eiwitten

Combineer de havermout, bloem en bakpoeder en voeg de rozijnen toe, indien gebruikt. Meng melk en olie. Klop de eiwitten stijf en voeg ze vervolgens toe aan het mengsel. Giet het mengsel in ingevette muffinvormpjes (papier) of muffinvormpjes (vormpjes) en bak in de voorverwarmde oven op 190°C/thermostaat 5 gedurende ongeveer 25 minuten goudbruin.

Havermout en fruitmuffins

Geef het 10

100 g volkorenmeel

100 g/4 oz/1 kop gerolde haver

15 ml/1 eetlepel bakpoeder

100 g rozijnen (gouden rozijnen)

2 oz/½ kop/50 g gehakte walnoten

1 eetbare appel (dessert), geschild, klokhuis verwijderd en geraspt

45 ml/3 eetlepels olie

30 ml/2 eetlepels lichte honing

15 ml/1 eetlepel donkere siroop (melasse)

1 ei, lichtgeklopt

90 ml/6 eetlepels melk

Meng de bloem, haver en bakpoeder. Rozijnen, walnoten en appel toevoegen. Verhit de olie, honing en siroop tot ze gesmolten zijn en voeg dan het ei en de melk toe, net genoeg om te besprenkelen. Giet het mengsel in ingevette muffinvormpjes (papier) of muffinvormpjes (vormpjes) en bak in de voorverwarmde oven op 190°C/thermostaat 5 gedurende ongeveer 25 minuten goudbruin.

Oranje muffins

geef 12

100 g zelfrijzend bakmeel

100 g/4 oz/½ kopje zoete bruine suiker

1 ei, lichtgeklopt

120 ml sinaasappelsap

60 ml/4 eetlepels olie

2,5 ml/½ theelepel vanille-essence (extract)

25 g/1 oz/2 eetlepels boter of margarine

30 ml/2 eetlepels gewone bloem (alle doeleinden)

2,5 ml/½ theelepel gemalen kaneel

Meng de bloem en de helft van de suiker in een kom. Combineer het ei, het sinaasappelsap, de olie en de vanille-essence en meng het vervolgens door de droge ingrediënten tot alles gemengd is. Meng niet te veel. Giet het mengsel in ingevette muffinvormpjes (papier) of muffinvormpjes (vormpjes) en bak in de voorverwarmde oven op 200°C/thermostaat 6 gedurende 10 minuten.

Meng ondertussen de boter of margarine met de vulling met bloem en voeg de rest van de suiker en kaneel toe. Strooi de muffins erover en zet ze nog 5 minuten in de oven tot ze goudbruin zijn.

perzikmuffins

geef 12

225 g/8 oz/2 kopjes gewone bloem (voor alle doeleinden)

100 g kristalsuiker

10 ml / 2 theelepels bakpoeder

2,5 ml/½ theelepel zout

1 ei, lichtgeklopt

175 ml/6 fl oz/¾ kopje melk

120 ml olie

1 klein blikje perziken, 200 g, uitgelekt en gehakt

Meng de bloem, suiker, gist en zout en maak een kuiltje in het midden. Combineer de rest van de ingrediënten en meng ze door de droge ingrediënten tot ze gecombineerd zijn. Meng niet te veel. Giet het mengsel in ingevette (papieren) muffinvormpjes of muffinvormpjes en bak in de voorverwarmde oven op 200°C/thermostaat 6 gedurende 20 minuten tot het goed gepoft en veerkrachtig is.

Pindakaasmuffins

geef 12

225 g/8 oz/2 kopjes gewone bloem (voor alle doeleinden)

100 g/4 oz/½ kopje zoete bruine suiker

10 ml / 2 theelepels bakpoeder

2,5 ml/½ theelepel zout

1 ei, lichtgeklopt

250 ml/8 oz/1 kopje melk

120 ml olie

45 ml/3 eetlepels pindakaas

Meng de bloem, suiker, gist en zout en maak een kuiltje in het midden. Combineer de rest van de ingrediënten en meng ze door de droge ingrediënten tot ze gecombineerd zijn. Meng niet te veel. Giet het mengsel in ingevette (papieren) muffinvormpjes of muffinvormpjes en bak in de voorverwarmde oven op 200°C/thermostaat 6 gedurende 20 minuten tot het goed gepoft en veerkrachtig is.

ananasmuffins

geef 12

225 g/8 oz/2 kopjes gewone bloem (voor alle doeleinden)

100 g/4 oz/½ kopje zoete bruine suiker

10 ml / 2 theelepels bakpoeder

2,5 ml/½ theelepel zout

1 ei, lichtgeklopt

175 ml/6 fl oz/¾ kopje melk

120 ml olie

200 g/1 klein blikje ananas, uitgelekt en gehakt

30 ml/2 eetlepels demerarasuiker

Meng de bloem, bruine suiker, bakpoeder en zout en maak een kuiltje in het midden. Combineer alle andere ingrediënten behalve demerarasuiker en meng de droge ingrediënten tot ze gecombineerd zijn. Meng niet te veel. Giet de cupcakes in ingevette papieren vormpjes of muffinvormpjes en bestrooi ze met demerarasuiker. Bak in een voorverwarmde oven op 200°C/400°F/thermostaat 6 gedurende 20 minuten tot het goed gepoft en veerkrachtig is.

Frambozenmuffins

geef 12

225 g/8 oz/2 kopjes gewone bloem (voor alle doeleinden)

100 g kristalsuiker

10 ml / 2 theelepels bakpoeder

2,5 ml/½ theelepel zout

200 g frambozen

1 ei, lichtgeklopt

250 ml/8 oz/1 kopje melk

120 ml plantaardige olie

Meng de bloem, suiker, bakpoeder en zout. Voeg de frambozen toe en maak een kuiltje in het midden. Meng het ei, de melk en de olie en giet het over de droge ingrediënten. Meng voorzichtig totdat alle droge ingrediënten zijn opgenomen, maar het mengsel nog steeds klonterig is. Sla niet te hard. Giet het mengsel in muffinvormpjes (papier) of ingevette muffinvormpjes (vormpjes) en bak in de voorverwarmde oven op 200°C/thermostaat 6 gedurende 20 minuten, tot het goed uitgehard, luchtig en elastisch is.

Frambozen-citroenmuffins

geef 12

175 g/6 oz/1½ kopjes gewone bloem (universeel)

50 g kristalsuiker

50 g/2 oz/¼ kopje zoete bruine suiker

10 ml / 2 theelepels bakpoeder

5 ml/1 theelepel gemalen kaneel

een snufje zout

1 ei, lichtgeklopt

100 g/4 oz/½ kopje boter of margarine, gesmolten

120 ml/4 oz/½ kopje melk

100 g verse frambozen

10 ml/2 theelepels geraspte citroenschil

Voor het vullen:

3 oz/75 g/½ kopje poedersuiker (banketbakkerssuiker), gezeefd

15 ml / 1 eetlepel citroensap

Meng de bloem, kristalsuiker, bruine suiker, bakpoeder, kaneel en zout in een kom en maak een kuiltje in het midden. Voeg het ei, de boter of margarine en de melk toe en meng tot alles gemengd is. Meng de frambozen en de citroenschil. Giet het mengsel in muffinvormpjes (papier) of ingevette muffinvormpjes (vormpjes) en bak in de voorverwarmde oven op 180°C/thermostaat 4 gedurende 20 minuten tot ze goudbruin en veerkrachtig zijn. Meng poedersuiker en citroensap als topping en giet het over hete muffins.

Sultana-muffins

geef 12

225 g/8 oz/2 kopjes gewone bloem (voor alle doeleinden)

100 g kristalsuiker

100 g rozijnen (gouden rozijnen)

10 ml / 2 theelepels bakpoeder

5 ml/1 theelepel. gemalen kruiden (appeltaart)

2,5 ml/½ theelepel zout

1 ei, lichtgeklopt

250 ml/8 oz/1 kopje melk

120 ml olie

Meng de bloem, suiker, rozijnen, bakpoeder, kruidenmix en zout en maak een kuiltje in het midden. Meng de resterende ingrediënten tot ze gecombineerd zijn. Giet het mengsel in ingevette (papieren) muffinvormpjes of muffinvormpjes en bak in de voorverwarmde oven op 200°C/thermostaat 6 gedurende 20 minuten, tot het goed gepoft en veerkrachtig is.

Muffins op siroop

geef 12

225 g/8 oz/2 kopjes gewone bloem (voor alle doeleinden)

100 g/4 oz/½ kopje zoete bruine suiker

10 ml / 2 theelepels bakpoeder

2,5 ml/½ theelepel zout

1 ei, lichtgeklopt

175 ml/6 fl oz/¾ kopje melk

60 ml/4 eetlepels donkere siroop (melasse)

120 ml olie

Meng de bloem, suiker, gist en zout en maak een kuiltje in het midden. Meng de resterende ingrediënten tot ze gecombineerd zijn. Meng niet te veel. Giet het mengsel in ingevette (papieren) muffinvormpjes of muffinvormpjes en bak in de voorverwarmde oven op 200°C/thermostaat 6 gedurende 20 minuten, tot het goed gepoft en veerkrachtig is.

Havermoutsiroopmuffins

Geef het 10

100 g/4 oz/1 kopje gewone bloem (universeel)

175 g/6 oz/1½ kopjes havermout

100 g/4 oz/½ kopje zoete bruine suiker

15 ml/1 eetlepel bakpoeder

5 ml/1 theelepel gemalen kaneel

2,5 ml/½ theelepel zout

1 ei, lichtgeklopt

120 ml/4 oz/½ kopje melk

60 ml/4 eetlepels donkere siroop (melasse)

75 ml/5 eetlepels olie

Meng de bloem, haver, suiker, bakpoeder, kaneel en zout en maak een kuiltje in het midden. Meng de overige ingrediënten en meng ze vervolgens door de droge ingrediënten tot ze gecombineerd zijn. Meng niet te veel. Giet het mengsel in ingevette (papieren) muffinvormpjes of muffinvormpjes en bak in de voorverwarmde oven op 200°C/thermostaat 6 gedurende 15 minuten tot het goed gepoft en veerkrachtig is.

havermout tosti

geef 8

225 g/8 oz/2 kopjes haver

100 g volkorenmeel

5 ml/1 theelepel zout

5 ml/1 theelepel bakpoeder

50 g reuzel (ingekort)

30 ml/2 eetlepels koud water

Meng de droge ingrediënten door elkaar en wrijf ze vervolgens door het reuzel totdat het mengsel op broodkruim lijkt. Voeg voldoende water toe om een stevig deeg te maken. Rol op een licht met bloem bestoven werkblad plakjes van 7/18 cm uit en snijd ze in acht plakjes. Leg het op een ingevette bakplaat en bak in een voorverwarmde oven op 180°C/350°F/thermostaat 4 gedurende 25 minuten. Serveer met boter, jam of marmelade.

Aardbei omelet

geef 18

5 eierdooiers

75 g kristalsuiker

een snufje zout

Schil van ½ citroen

4 eiwitten

40 g maïzena

1½ oz/40 g/1/3 kopje bloem (universeel)

40 g/1½ oz/3 eetlepels boter of margarine, gesmolten

300 ml/½ pt/1¼ kopje slagroom

225 g aardbeien

Poedersuiker (zoetwaren), gezeefd, om te bestrooien

Klop de eidooiers met 25 g poedersuiker bleek en dik en voeg het zout en de citroenschil toe. Klop de eiwitten stijf, voeg de rest van de poedersuiker toe en blijf kloppen tot ze stevig en glanzend zijn. Voeg de eierdooiers toe, daarna het maïsmeel en de bloem. Voeg de gesmolten boter of margarine toe. Doe het mengsel in een spuitzak met een platte punt van 1 cm en spuit cirkels van 6/15 cm op een ingevette en met bakpapier beklede bakplaat. Bak in een voorverwarmde oven op 220°C/thermostaat 7 gedurende 10 minuten tot ze gekleurd maar niet bruin zijn. Laten afkoelen.

Klop de zoete room stijf. Verdeel een dunne laag over de helft van elke cirkel, beleg met aardbeien en eindig met nog meer room. Vouw de bovenkant van de "omelet". Breng op smaak met poedersuiker en serveer.

Munt Taarten

geef 12

100 g/4 oz/½ kopje boter of margarine, verzacht

100 g kristalsuiker

2 eieren, lichtgeklopt

75 g zelfrijzend bakmeel (gerezen)

10 ml/2 theelepels cacaopoeder (ongezoete chocolade).

een snufje zout

8 oz/11/3 kopjes/225 g poedersuiker (banketbakkerssuiker), gezeefd

30 ml/2 eetlepels water

Een paar druppels groene kleurstof

Een paar druppels muntessence (extract)

Chocolade-amandelen, in tweeën gesneden ter decoratie

Klop de boter of margarine en de suiker licht en luchtig en meng er geleidelijk de eieren door. Meng bloem, cacao en zout. Giet het mengsel in ingevette broodvormen (vleesvormen) en bak het in een voorverwarmde oven op 200°C/thermostaat 6 gedurende 10 minuten tot het veerkrachtig is. Laten afkoelen.

Zeef de poedersuiker in een kom en meng met 15 ml/1 eetlepel water, voeg kleurstof en pepermuntolie naar smaak toe. Voeg indien nodig water toe tot een consistentie die de achterkant van een lepel bedekt. De taarten zijn besmeerd met glazuur en versierd met stukjes chocolade en munt.

rozijnenkoekjes

geef 12

175 g rozijnen

250 ml / 8 fl oz / 1 kopje water

5 ml/1 theelepel zuiveringszout (zuiveringszout)

100 g/4 oz/½ kopje boter of margarine, verzacht

100 g/4 oz/½ kopje zoete bruine suiker

1 losgeklopt ei

5 ml/1 theelepel vanille-essence (extract)

200 g/7 oz/1¾ kopjes gewone bloem (universeel)

5 ml/1 theelepel bakpoeder

een snufje zout

Kook de rozijnen, het water en de baking soda in een pan en kook op laag vuur gedurende 3 minuten. Laat afkoelen tot handmatige temperatuur. Klop de boter of margarine en de suiker licht en luchtig. Voeg het ei en het vanillearoma toe. Voeg het rozijnenmengsel toe, daarna de bloem, het bakpoeder en het zout. Giet het mengsel in muffinvormpjes (papier) of ingevette muffinvormpjes (vormpjes) en bak in de voorverwarmde oven op 180°C/350°F/thermostaat 4 gedurende 12-15 minuten tot ze goed gepoft en goudbruin zijn.

Rozijnen krullen

geef 24

225 g/8 oz/2 kopjes gewone bloem (voor alle doeleinden)

Een snufje gemalen kruiden (appeltaart)

5 ml/1 theelepel zuiveringszout (zuiveringszout)

225 g kristalsuiker

45 ml/3 eetlepels. gemalen amandelen

8 oz/1 kopje boter of margarine, gesmolten

45 ml/3 eetlepels rozijnen

1 ei, lichtgeklopt

Meng de droge ingrediënten, voeg de gesmolten boter of margarine toe en vervolgens de rozijnen en het ei. Meng goed totdat je een stevige pasta verkrijgt. Op een licht met bloem bestoven oppervlak uitrollen tot een dikte van ongeveer ¼ x 5 mm en in reepjes van 5 mm x 20 cm / ¼ x 8 inch snijden. Bevochtig het bovenoppervlak licht met water en rol elke strook vanaf het kortere uiteinde. Leg ze op een ingevette bakplaat en bak ze in een voorverwarmde oven op 200°C/thermostaat 6 gedurende 15 minuten tot ze goudbruin zijn.

frambozen broodjes

Maakt 12 broodjes

225 g/8 oz/2 kopjes gewone bloem (voor alle doeleinden)

7,5 ml/½ eetlepel bakpoeder

2,5 ml/½ theelepel. gemalen kruiden (appeltaart)

een snufje zout

75 g boter of margarine

75 g kristalsuiker, plus meer om te dippen

1 ei

60 ml/4 eetlepels melk

60 ml/4 eetlepels frambozenjam (bewaard)

Meng bloem, bakpoeder, kruiden en zout en kneed met boter of margarine tot het mengsel op broodkruim lijkt. Meng de suiker. Meng voldoende ei en melk tot een stevig deeg. Verdeel het in 12 balletjes en leg ze op een ingevette bakplaat. Maak met je vinger een gaatje in het midden en giet er wat frambozenjam in. Bestrijk ze met melk en bestrooi ze met poedersuiker. Bak in een voorverwarmde oven op 220°C/thermostaat 7 gedurende 10-15 minuten tot ze goudbruin zijn. Eventueel afdekken met een beetje jam.

Bruine rijst en zonnebloempannenkoekjes

geef 12

75 g/3 oz/¾ kopje gekookte bruine rijst

50 g zonnebloempitten

25 g sesamzaadjes

40 g rozijnen

1½ oz/40 g/¼ kopje geglazuurde kersen (gekonfijt), in vieren

25 g/1 oz/2 eetlepels zoete bruine suiker

15 ml / 1 eetlepel lichte honing

75 g boter of margarine

5 ml/1 theelepel citroensap

Rijst, zaden en fruit worden gemengd. Smelt de suiker, honing, boter of margarine en het citroensap en roer dit door het rijstmengsel. Verdeel over 12 cakevormen en bak in een voorverwarmde oven op 200°C/thermostaat 6 gedurende 15 minuten.

taart met gedroogd fruit

geef 12

225 g/8 oz/2 kopjes gewone bloem (voor alle doeleinden)

een snufje zout

10 ml / 2 theelepels bakpoeder

2 oz/¼ kopje/50 g boter of margarine

50 g reuzel (ingekort)

2/3 kop/100 g gedroogd fruit (fruitcakemix)

100 g/4 oz/½ kopje demerarasuiker

Schil van ½ citroen

1 ei

15-30 ml/1-2 eetlepels melk

Meng de bloem, het zout en het bakpoeder en voeg de boter of margarine en het reuzel toe tot het mengsel op broodkruim lijkt. Meng het fruit, de suiker en de citroenschil. Klop het ei los met 15 ml/1 eetlepel melk, voeg toe aan de droge ingrediënten en meng tot een stevig deeg. Voeg indien nodig meer melk toe. Leg kleine hoopjes van het mengsel op een ingevette bakplaat en bak in een voorverwarmde oven op 200°C/thermostaat 6 gedurende 15-20 minuten tot ze goudbruin zijn.

Suikervrije rockpannenkoeken

geef 12

75 g boter of margarine

175 g volkorenmeel

50 g/2 oz/½ kopje havermout

10 ml / 2 theelepels bakpoeder

5 ml/1 theelepel gemalen kaneel

100 g rozijnen (gouden rozijnen)

schil van 1 citroen

1 ei, lichtgeklopt

90 ml/6 eetlepels melk

Kneed de boter of margarine met de bloem, bakpoeder en kaneel tot het mengsel op broodkruim lijkt. Voeg de rozijnen en de citroenschil toe. Voeg het ei en voldoende melk toe om een glad mengsel te krijgen. Schep lepels vol op een ingevette bakplaat en bak in de voorverwarmde oven op 200°C/thermostaat 6 gedurende 15-20 minuten tot ze goudbruin zijn.

Saffraan pannenkoeken

geef 12

Een snufje gemalen saffraan

75 ml/5 eetlepels kokend water

75 ml/5 eetlepels koud water

100 g/4 oz/½ kopje boter of margarine, verzacht

225 g kristalsuiker

2 eieren, lichtgeklopt

225 g/8 oz/2 kopjes gewone bloem (voor alle doeleinden)

10 ml / 2 theelepels bakpoeder

2,5 ml/½ theelepel zout

175 g/6 oz/1 kop rozijnen (gouden rozijnen)

175 g/6 oz/1 kopje gehakte gemengde schil (gekonfijt)

Week de saffraan gedurende 30 minuten in kokend water en voeg dan koud water toe. Klop de boter of margarine en de suiker licht en luchtig en meng er geleidelijk de eieren door. Zeef de bloem met het bakpoeder en het zout en voeg vervolgens ½ kopje/2 oz/50 g bloemmengsel toe aan de rozijnen en het gemengde deeg. Voeg de bloem toe aan de slagroom, afgewisseld met het saffraanwater, en voeg dan het fruit toe. Giet het mengsel in ingevette en met bloem bestoven (papieren) muffinvormpjes of muffinvormpjes en bak in de voorverwarmde oven op 190°C/thermostaat 5 gedurende ongeveer 15 minuten, tot het oppervlak veerkrachtig is.

Boekweit met rum

geef 8

100 g (brood)meel voor alle doeleinden

Meng 5 ml/1 theelepel droge gist voorzichtig

een snufje zout

45 ml/3 eetlepels hete melk

2 eieren, lichtgeklopt

2 oz/¼ kopje/50 g boter of margarine, gesmolten

25 g / 1 oz / 3 eetlepels rozijnen

Voor de siroop:

250 ml / 8 fl oz / 1 kopje water

75 g kristalsuiker

20 ml/4 theelepels citroensap

60 ml/4 eetlepels rum

Om te verduisteren en te versieren:

60 ml/4 eetlepels abrikozenjam (uit blik), gezeefd

15 ml/1 eetlepel water

¼ pt/2/3 kop/150 ml slagroom of slagroom (zwaar)

4 geglazuurde kersen (gekonfijt), gehalveerd

Sommige engelwortelplakken in driehoeken gesneden

Meng de bloem, het bakpoeder en het zout in een kom en maak een kuiltje in het midden. Meng de melk, eieren en boter of margarine en klop de bloem tot een gladde pasta ontstaat. Meng de krenten. Giet het beslag in acht afzonderlijke ingevette en met bloem bestoven ronde vormen (buisvormen), zodat het slechts een derde van de hoogte van de vormen bedraagt. Dek af met ingevette voedselfolie (plasticfolie) en laat 30 minuten op een warme plaats staan, totdat het deeg boven de vormpjes uitsteekt. Bak in een voorverwarmde oven op 200°C/thermostaat 6 gedurende 15 minuten tot ze goudbruin zijn. Keer de vormen om en laat ze 10 minuten afkoelen. Haal vervolgens de cakes uit de vormen en plaats ze op een grote vlakke plaat. Prik ze rondom in met een vork.

Om de siroop te maken, verwarm je het water, de suiker en het citroensap op laag vuur en roer je tot de suiker is opgelost. Verhoog het vuur en breng aan de kook. Haal van het vuur en voeg rum toe. Giet de hete siroop over de cakes en laat ze 40 minuten weken.

Verwarm de jam en het water op laag vuur tot alles goed gemengd is. Verdeel het slijm erover en plaats het op een serveerschaal. Klop de slagroom op en plaats deze in het midden van elke cake. Versier met kersen en engelwortel.

Taartbal pannenkoeken

geef 24

5 eierdooiers

75 g kristalsuiker

7 eiwitten

75 g/3 oz/¾ kopje maïzena

50 g/2 oz/½ kopje bloem (universeel)

Klop de dooiers met 15 ml/1 eetlepel suiker tot een gladde en dikke massa. Klop de eiwitten stijf en voeg de resterende suiker toe tot het dik en glanzend is. Voeg de maïzena toe met een metalen lepel. Spatel met een metalen lepel de helft van de dooiers door het eiwit en voeg de rest van de dooiers toe. Voeg voorzichtig de bloem toe. Doe het mengsel in een spuitzak met een standaard spuitmondje van 2,5 cm (tip) en plaats de pasteitjes op ruime afstand van elkaar op een ingevette en met bakpapier beklede bakplaat. Bak in een voorverwarmde oven op 200°C/400°F/thermostaat 6 gedurende 5 minuten, verlaag vervolgens de oventemperatuur tot 180°C/350°F/thermostaat 4 gedurende nog eens 10 minuten, tot ze goudbruin en veerkrachtig zijn. contact.

Chocolade koekjes

geef 12

5 eierdooiers

75 g kristalsuiker

7 eiwitten

75 g/3 oz/¾ kopje maïzena

50 g/2 oz/½ kopje bloem (universeel)

60 ml/4 eetlepels abrikozenjam (uit blik), gezeefd

30 ml/2 eetlepels water

1 hoeveelheid gekookt chocoladeglazuur

¼ theelepel/150 ml/2/3 kopjes slagroom

Klop de dooiers met 15 ml suiker tot er lichte pieken ontstaan.
Klop de eiwitten stijf en voeg de resterende suiker toe tot het dik
en glanzend is. Voeg de maïzena toe met een metalen lepel. Spatel
met een metalen lepel de helft van de dooiers door het eiwit en
voeg de rest van de dooiers toe. Voeg voorzichtig de bloem toe.
Doe het mengsel in een spuitzak met een standaard spuitmondje
van 2,5 cm (tip) en plaats de pasteitjes op ruime afstand van elkaar
op een ingevette en met bakpapier beklede bakplaat. Bak in een
voorverwarmde oven op 200°C/400°F/thermostaat 6 gedurende 5
minuten, verlaag vervolgens de oventemperatuur tot
180°C/350°F/thermostaat 4 gedurende nog eens 10 minuten, tot
ze goudbruin en veerkrachtig zijn. contact. Overdracht naar het
netwerk.

Kook de jam en het water tot ze ingedikt en goed gemengd zijn, en
bestrijk vervolgens de bovenkant van de cakes. Laten afkoelen.
Doop de champignons in het chocoladeglazuur en laat ze afkoelen.
Klop de room stijf en meng de koekjes met de room.

zomerse sneeuwballen

geef 24

100 g/4 oz/½ kopje boter of margarine, verzacht

100 g kristalsuiker

5 ml/1 theelepel vanille-essence (extract)

2 eieren, lichtgeklopt

225 g/8 oz/2 kopjes zelfrijzend bakmeel (gerezen)

120 ml/4 oz/½ kopje melk

120 ml / 4 fl oz / ½ kopje room (zwaar)

25 g/1 oz/3 eetlepels. poedersuiker (zoetwaren), gezeefd

60 ml/4 eetlepels abrikozenjam (uit blik), gezeefd

30 ml/2 eetlepels water

150 g/5 oz/1¼ kopjes gedroogde kokosnoot (geraspt)

Klop de boter of margarine en de suiker licht en luchtig. Voeg geleidelijk de vanille-essence en de eieren toe, en vervolgens de bloem, afgewisseld met de melk. Giet het mengsel in ingevette muffinvormpjes en bak in de voorverwarmde oven op 180°C/thermostaat 4 gedurende 15 minuten tot het goed gepoft en veerkrachtig is. Breng over naar een rooster om af te koelen. Snij de bovenkant van de muffins.

Klop de zoete room en de poedersuiker stijf, giet een beetje over elke muffin en dek opnieuw af. Verwarm de jam met water tot het gemengd is, verdeel het over de muffins en bestrooi rijkelijk met kokos.

paddestoel druppels

geef 12

3 losgeklopte eieren

100 g kristalsuiker

2,5 ml/½ theelepel vanille-essence (extract)

100 g/4 oz/1 kopje gewone bloem (universeel)

5 ml/1 theelepel bakpoeder

100 g frambozenjam (uit blik)

¼ pt/2/3 kop/150 ml room (zwaar), opgeklopt

Poedersuiker (zoetwaren), gezeefd, om te bestrooien

Doe de eieren, de poedersuiker en de vanillesuiker in een hittebestendige kom, zet deze op een pan met kokend water en klop tot het mengsel dikker wordt. Haal de kom uit de pan en voeg de bloem en het bakpoeder toe. Schep kleine lepels van het mengsel op een ingevette bakplaat en bak in de voorverwarmde oven op 190°C/thermostaat 5 gedurende 10 minuten tot ze goudbruin zijn. Breng over naar een rooster en laat afkoelen. Meng de druppels met de jam en room en bestrooi voor het serveren met poedersuiker.

basis meringue

Transactie 6.-8

2 eiwitten

100 g kristalsuiker

Klop de eiwitten in een schone, vetvrije kom tot ze zachte pieken beginnen te vormen. Voeg de helft van de suiker toe en blijf kloppen tot het deeg een stevige consistentie heeft. Roer voorzichtig de resterende suiker erdoor met een metalen lepel. Bekleed een bakplaat met bakpapier en verdeel er 6 tot 8 meringuebloemen op. Droog de meringue in de oven op de laagst mogelijke temperatuur gedurende 2 tot 3 uur. Laat afkoelen op een rooster.

amandel-meringue

geef 12

2 eiwitten

100 g/4 oz/½ poedersuiker

100 g gemalen amandelen

Een paar druppels amandelessence (extract)

12 amandelhelften om te versieren

Klop de eiwitten op tot er stijve pieken ontstaan. Voeg de helft van de suiker toe en blijf kloppen tot het mengsel stijve pieken vormt. Voeg de resterende suiker, gemalen amandelen en amandelessence toe. Verdeel het mengsel in 12 cirkels op een ingevette, beklede bakplaat en leg op elk een halve amandel. Bak in een voorverwarmde oven op 130°C/thermostaat ½ gedurende 2-3 uur tot ze knapperig zijn.

Spaanse Amandel Meringue Koekjes

Dag 16

225 g kristalsuiker

225 g gemalen amandelen

1 eiwit

100 g hele amandelen

Klop de suiker, de gemalen amandelen en het eiwit tot een zacht deeg ontstaat. Vorm een bal en maak het deeg plat door te rollen. Snij het in kleine cirkels en leg het op een ingevette bakplaat. Druk een hele amandel in het midden van elk koekje. Bak in een voorverwarmde oven op 160°C/325°F/thermostaat 3 gedurende 15 minuten.

Gebakken Meringuemanden

geef 6

4 eiwitten

225-250 g poedersuiker, gezeefd

Een paar druppels vanille-essence (extract)

Klop in een schone, vetvrije, hittebestendige kom het eiwit luchtig en klop er geleidelijk de banketbakkerssuiker en de vanillesuiker door. Plaats de kom boven een pan met kokend water en klop tot de meringue zijn vorm behoudt en een dik spoor achterlaat als de garde wordt opgetild. Bekleed een bakplaat met bakpapier en teken zes cirkels van 7,5 cm/3 op het papier. Schep de helft van het meringuemengsel op elke cirkel. Doe de rest in een spuitzak en spuit twee lagen meringue langs de rand van elke bodem. Droog in een voorverwarmde oven op 150°C/300°F/thermostaat 2 gedurende ongeveer 45 minuten.

amandelvlokken

Geef het 10

2 eiwitten

100 g kristalsuiker

75 g/3 oz/¾ kopje gemalen amandelen

25 g/1 oz/2 eetlepels boter of margarine, verzacht

2 oz/1/3 kop (gebak) 50 g poedersuiker, gezeefd

10 ml/2 theelepels cacaopoeder (ongezoete chocolade).

50 g/½ kopje natuurlijke chocolade (halfzoet), gesmolten

Klop de eiwitten op tot er stijve pieken ontstaan. Voeg geleidelijk poedersuiker toe. Voeg de gemalen amandelen toe. Spuit het mengsel met een spuitmondje van ½/1 cm tot een lengte van 2/5 cm op een licht ingevette bakplaat. Bak in een voorverwarmde oven op 140°C/thermostaat 1 gedurende 1u30 tot 1u30. Laten afkoelen.

Klop de boter of margarine, de poedersuiker en de cacao stijf. Broodjes met crackers (koekjes) met vulling. Smelt de chocolade in een hittebestendige kom boven kokend water. Dompel de uiteinden van de meringue in de chocolade en laat afkoelen op een rooster.

Spaanse amandel-citroenmeringue

Geef het 30

150 g / 5 oz / 1¼ kopjes geblancheerde amandelen

2 eiwitten

Schil van ½ citroen

200 g/7 oz/slechts 1 kopje kristalsuiker

10 ml/2 theelepels citroensap

Rooster de amandelen in de oven, voorverwarmd op 150°C/thermostaat 2, gedurende ongeveer 30 minuten, tot ze goudbruin en geurig zijn. Hak een derde van de walnoten fijn en hak de rest fijn.

Klop de eiwitten op tot er stijve pieken ontstaan. Voeg de citroenschil en tweederde van de suiker toe. Voeg het citroensap toe en klop tot het stijf en glanzend is. Voeg de rest van de suiker en gemalen amandelen toe. Voeg de gehakte amandelen toe. Leg de meringuebolletjes op een ingevette, met folie beklede bakplaat en plaats ze in de voorverwarmde oven. Verlaag de oventemperatuur onmiddellijk tot 110°C/thermostaat ¼ en laat ongeveer 1 uur en 30 minuten koken tot het droog is.

Met chocolade bedekte meringues

geef 4

2 eiwitten

100 g kristalsuiker

100 g/4 oz/1 kopje natuurlijke chocolade (halfzoet)

¼ pt/2/3 kop/150 ml room (zwaar), opgeklopt

Klop de eiwitten in een schone, vetvrije kom tot ze zachte pieken beginnen te vormen. Voeg de helft van de suiker toe en blijf kloppen tot het deeg een stevige consistentie heeft. Roer voorzichtig de resterende suiker erdoor met een metalen lepel. Bekleed een bakplaat met bakpapier en plaats er acht meringues op. Droog de meringue in de oven op de laagst mogelijke temperatuur gedurende 2 tot 3 uur. Laat afkoelen op een rooster.

Smelt de chocolade in een hittebestendige kom die boven kokend water staat. Iets afkoelen. Doop de vier meringues voorzichtig in de chocolade om de buitenste oppervlakken te bedekken. Laat het op perkamentpapier (waspapier) zitten totdat het hard wordt. Verdeel de room over de met chocolade bedekte meringue en de naturel meringue en herhaal met de overige meringues.

Meringue van chocolade en munt

geef 18

3 eiwitten

100 g kristalsuiker

3 oz/75 g/¾ kopje gehakte met chocolade bedekte munt

Klop de eiwitten op tot er stijve pieken ontstaan. Voeg geleidelijk de suiker toe tot het eiwit stevig en glanzend is. Voeg de gehakte munt toe. Schep kleine lepels van het mengsel op een beklede en ingevette bakplaat en bak in een voorverwarmde oven op 140°C/thermostaat 1 gedurende 1,5 uur tot het droog is.

Chocoladestukjes en walnootmeringue

geef 12

2 eiwitten

175 g kristalsuiker

50 g/2 oz/½ kopje chocoladestukjes

1 ounce/¼ kopje walnoten, gehakt

Verwarm de oven voor op 190°C/375°F/thermostaat 5. Klop de eiwitten tot er zachte pieken ontstaan. Voeg geleidelijk de suiker toe en klop tot er een stevig schuim ontstaat. Voeg de chocoladestukjes en walnoten toe. Schep lepels van het mengsel op een ingevette bakplaat en plaats deze in de oven. Zet de oven uit en laat hem afkoelen.

hazelnootmeringue

geef 12

100 g/4 oz/1 kop hazelnoten

2 eiwitten

100 g kristalsuiker

Een paar druppels vanille-essence (extract)

Bewaar 12 walnoten voor decoratie en hak de rest fijn. Klop de eiwitten op tot er stijve pieken ontstaan. Voeg de helft van de suiker toe en blijf kloppen tot het mengsel stijve pieken vormt. Voeg de resterende suiker, gemalen hazelnoten en vanille-essence toe. Verdeel het mengsel in 12 rondjes op een ingevette, beklede bakplaat en beleg elk met de achtergehouden pecannoten. Bak in een voorverwarmde oven op 130°C/thermostaat ½ gedurende 2-3 uur tot ze knapperig zijn.

Pecan-meringuelaagcake

23 cm/9 voor de taart

Voor de taart:

2 oz/¼ kopje/50 g boter of margarine, verzacht

150 g kristalsuiker

4 eieren, gescheiden

100 g/4 oz/1 kopje gewone bloem (universeel)

10 ml / 2 theelepels bakpoeder

een snufje zout

60 ml/4 eetlepels melk

5 ml/1 theelepel vanille-essence (extract)

2 oz/½ kop/50 g pecannoten, gehakt

Voor de banketbakkersroom:

250 ml/8 oz/1 kopje melk

50 g kristalsuiker

50 g/2 oz/½ kopje bloem (universeel)

1 ei

een snufje zout

120 ml / 4 fl oz / ½ kopje room (zwaar)

Klop de cake met boter of margarine met ½ kopje/100 g suiker licht en luchtig. Voeg geleidelijk de eierdooiers toe en voeg de bloem, bakpoeder en zout toe, afgewisseld met de melk en de vanille-essence. Giet het mengsel in twee beboterde en beklede cakevormen van 9/23 cm en strijk de bovenkant glad. Klop de eiwitten stijf, voeg de resterende suiker toe en klop opnieuw tot het stijf en glanzend is. Bestrijk het cakemengsel en bestrooi met walnoten. Bak in een voorverwarmde oven op 150°C/thermostaat

3 gedurende 45 minuten tot de meringue droog is. Breng over naar een rooster om af te koelen.

Maak een banketbakkersroom door een beetje melk met suiker en bloem te mengen. Breng de rest van de melk in een pan aan de kook, giet het suikermengsel erover en klop tot een gladde massa. Giet de melk terug in de gespoelde pan en breng aan de kook, onder voortdurend roeren, en kook al roerend tot het dik is. Haal van het vuur en voeg het ei en het zout toe en laat iets afkoelen. Klop de slagroom stijf en voeg deze vervolgens toe aan het mengsel. Laten afkoelen. Verdeel de banketbakkersroom over de taarten.

Plakjes macaroni met hazelnoten

geef 20

175 g/6 oz/1½ kop gepelde hazelnoten

3 eiwitten

225 g kristalsuiker

5 ml/1 theelepel vanille-essence (extract)

5 ml/1 theelepel gemalen kaneel

5 ml/1 theelepel geraspte citroenschil

rijstpapier

Hak 12 hazelnoten grof en hak de rest fijn. Klop de eiwitten licht en luchtig. Voeg geleidelijk de suiker toe en blijf kloppen tot er een stevig schuim ontstaat. Voeg de hazelnoten, vanille-essence, kaneel en citroenschil toe. Schep een theelepel vol op een met rijstpapier beklede bakplaat en druk het plat in dunne reepjes. Laat 1 uur trekken. Bak in een voorverwarmde oven op 180°C/thermostaat 4 gedurende 12 minuten tot het stevig is.

Meringue en walnootlaag

25 cm/10 voor de taart

100 g/4 oz/½ kopje boter of margarine, verzacht

400 g kristalsuiker

3 eierdooiers

100 g/4 oz/1 kopje gewone bloem (universeel)

10 ml / 2 theelepels bakpoeder

120 ml/4 oz/½ kopje melk

100 g walnoten

4 eiwitten

250 ml/8 fl oz/1 kopje room (zwaar).

5 ml/1 theelepel vanille-essence (extract)

Cacaopoeder (ongezoete chocolade) om te bestuiven

Klop de boter of margarine en 3 oz/¾ kopje/75 g suiker tot het licht en luchtig is. Voeg geleidelijk de eidooiers toe en voeg de bloem en gist toe, afgewisseld met de melk. Giet het beslag in twee ingevette en met bloem bestoven cakevormen van 10/25 cm. Bewaar een paar walnoothelften voor decoratie, hak de rest fijn en strooi over de taarten. Klop de eiwitten stijf, voeg de resterende suiker toe en klop opnieuw tot het dik en glanzend is. Verdeel het mengsel over de taarten en bak in een voorverwarmde oven op 180°C/thermostaat 4 gedurende 25 minuten. Bedek de cake aan het einde van de bereiding met bakpapier (gewaxt) als de meringue bruin begint te worden. veel.

Klop de room en de custard tot een lichte massa. Besmeer de cakes halverwege met de meringue, de helft van de room en verdeel de rest. Versier met de achtergehouden noten en bestrooi met gezeefde cacao.

meringue bergen

geef 6

2 eiwitten

100 g kristalsuiker

¼ pt/2/3 kop/150 ml room (zwaar)

350 g aardbeien, in plakjes gesneden

25 g/1 oz/¼ kopje natuurlijke chocolade (halfzoet), geraspt

Klop de eiwitten op tot er stijve pieken ontstaan. Voeg de helft van de suiker toe en klop tot het dik en glanzend is. Voeg de overige suikers toe. Verdeel op een bakplaat zes meringuecirkels op bakpapier. Bak in een voorverwarmde oven op 140°C/thermostaat 1 gedurende 45 minuten tot ze licht goudbruin en knapperig zijn. De binnenkant is nog vrij zacht. Haal uit de pan en laat afkoelen op een rooster.

Klop de zoete room stijf. Sprenkel of giet de helft van de room over de meringuecirkels, voeg het fruit toe en decoreer met de rest van de room. Strooi er geraspte chocolade overheen.

Frambozen meringue crème

Aanbiedingen 6

2 eiwitten

100 g kristalsuiker

¼ pt/2/3 kop/150 ml room (zwaar)

30 ml/2 eetlepels (banketbakkers) poedersuiker

225 g frambozen

Klop de eiwitten in een schone, vetvrije kom tot ze zachte pieken beginnen te vormen. Voeg de helft van de suiker toe en blijf kloppen tot het deeg een stevige consistentie heeft. Voeg met een metalen lepel voorzichtig de rest van de suiker toe. Bekleed een bakplaat met bakpapier en leg de meringue erop. Droog de meringue in de oven op de laagst mogelijke temperatuur gedurende 2 uur. Laat afkoelen op een rooster.

Klop de zoete room met de poedersuiker stijf en voeg de frambozen toe. Gebruik het om de meringues in paren te rangschikken en op een serveerschaal te plaatsen.

Ratafia-pannenkoeken

Dag 16

3 eiwitten

100 g gemalen amandelen

225 g kristalsuiker

Klop de eiwitten op tot er stijve pieken ontstaan. Voeg de amandelen en de helft van de suiker toe en klop opnieuw tot het stijf is. Voeg de overige suikers toe. Leg de kleine cirkels op een ingevette en beklede bakplaat en bak ze in de voorverwarmde oven op 150°C/thermostaat 2 gedurende 50 minuten, tot de randen droog en knapperig zijn.

vacherin snoep

23 cm/9 voor de taart

4 eiwitten

225 g/8 oz/1 kopje zoete bruine suiker

50 g gehakte hazelnoten

½ pt/1¼ kopjes/300 ml room (zwaar)

Een paar hele hazelnoten om te versieren

Klop de eiwitten stijf. Voeg geleidelijk suiker toe tot het stevig en glanzend is. Doe de meringue in een spuitzak met een standaard spuitmondje van 1/2 cm (tip) en spuit twee lagen meringue van 9 cm/23 cm op een ingevette en met bakpapier beklede bakplaat. Bestrooi met 15 ml/1 eetlepel gehakte walnoten en bak in een voorverwarmde oven op 120°C/thermostaat ½ gedurende 2 uur tot ze knapperig zijn. Breng over naar een rooster om af te koelen.

Klop de zoete room stijf en voeg de rest van de walnoten toe. Gebruik het grootste deel van de room om de meringuecirkels uit te smeren, decoreer vervolgens met de rest van de room en bestrooi met hele hazelnoten.

Gewoon broodjes

Geef het 10

225 g/8 oz/2 kopjes gewone bloem (voor alle doeleinden)

een snufje zout

2,5 ml/½ theelepel zuiveringszout (zuiveringszout)

5 ml/1 theelepel wijnsteen

2 oz/50 g/¼ kopje boter of margarine, in blokjes

30 ml/2 eetlepels melk

30 ml/2 eetlepels water

Meng bloem, zout, zuiveringszout en wijnsteen. Bestrijk met boter of margarine. Voeg geleidelijk de melk en het water toe tot je een zacht deeg verkrijgt. Kneed snel op een met bloem bestoven oppervlak tot het glad is, rol het vervolgens uit tot een dikte van 1 cm/½ en gebruik een koekjesvormer om het in 2 rondjes van 5 cm/2 te snijden. Leg de broodjes (koekjes) op een ingevette bakplaat en bak ze in een voorverwarmde oven op 230°C/thermostaat 8 gedurende ongeveer 10 minuten, tot ze goed gepoft en goudbruin zijn.

Heerlijke eierscones

geef 12

2 oz/¼ kopje/50 g boter of margarine

225 g/8 oz/2 kopjes zelfrijzend bakmeel (gerezen)

10 ml / 2 theelepels bakpoeder

25 g / 1 oz / 2 eetlepels kristalsuiker

1 ei, lichtgeklopt

100 ml/3½ fl oz/6½ eetlepels melk

Wrijf de boter of margarine door de bloem en het bakpoeder.
Meng de suiker. Meng het ei en de melk tot je een zacht deeg
verkrijgt. Kneed het deeg op een licht met bloem bestoven
oppervlak, rol het vervolgens uit tot een dikte van ongeveer ½/1
cm en snijd het in cirkels van 2/5 cm met een koekjesvormer. Rol
de clips op en knip ze uit. Leg de broodjes (koekjes) op een
ingevette bakplaat en bak ze in een voorverwarmde oven op
230°C/thermostaat 8 gedurende 10 minuten of tot ze goudbruin
zijn.

appel broodjes

geef 12

225 g volkorenmeel

20 ml/1½ eetlepel bakpoeder

een snufje zout

2 oz/¼ kopje/50 g boter of margarine

30 ml/2 eetlepels. geraspte kookappel

1 losgeklopt ei

150 ml/¼ pt/2/3 kopjes melk

Meng de bloem, bakpoeder en zout. Wrijf de boter of margarine erdoor en voeg vervolgens de appel toe. Voeg geleidelijk voldoende eieren en melk toe om een zacht deeg te maken. Op een licht met bloem bestoven oppervlak uitrollen tot een dikte van ongeveer 5 cm/2 en met een koekjesvormer in ronde stukken snijden. Leg de broodjes (koekjes) in een ingevette ovenschaal en bestrijk ze met het resterende ei. Bak in een voorverwarmde oven op 200°C/thermostaat 6 gedurende 12 minuten tot ze licht goudbruin zijn.

Appel- en kokosbrood

geef 12

2 oz/¼ kopje/50 g boter of margarine

225 g/8 oz/2 kopjes zelfrijzend bakmeel (gerezen)

25 g / 1 oz / 2 eetlepels kristalsuiker

30 ml/2 eetlepels geraspte kokosnoot (geraspt)

1 eetbare appel (dessert), geschild, klokhuis verwijderd en in stukjes gesneden

¼ pt/2/3 kopje/150 ml yoghurt

30 ml/2 eetlepels melk

Wrijf de boter of margarine door de bloem. Voeg de suiker, kokosnoot en appel toe en voeg de yoghurt toe tot het een zacht deeg vormt. Voeg indien nodig een beetje melk toe. Rol het deeg op een licht met bloem bestoven oppervlak uit tot een dikte van ongeveer 2,5 cm/1 en steek er plakjes uit met een koekjesvormer. Leg de broodjes (koekjes) op een ingevette bakplaat en bak ze in een voorverwarmde oven op 220°C/thermostaat 7 gedurende 10-15 minuten tot ze goed gepoft en goudbruin zijn.

Appel- en dadelbrood

geef 12

2 oz/¼ kopje/50 g boter of margarine

225 g/8 oz/2 kopjes gewone bloem (voor alle doeleinden)

5 ml/1 theelepel. theelepel kruidenmix (appeltaart)

5 ml/1 theelepel wijnsteen

2,5 ml/½ theelepel zuiveringszout (zuiveringszout)

25 g/1 oz/2 eetlepels zoete bruine suiker

1 klein hardgekookt ei (cake), geschild, klokhuis verwijderd en gehakt

2 ons / 1/3 kop ontpitte dadels (ontpit), gehakt

45 ml/3 eetlepels melk

Wrijf de boter of margarine door de bloem, het kruidenmengsel, de wijnsteenroom en het zuiveringszout. Meng de suiker, appel en dadels, voeg dan de melk toe en mix tot je een glad deeg krijgt. Kneed lichtjes, rol het vervolgens uit op een met bloem bestoven oppervlak tot een dikte van 2,5 cm/1 en steek er plakjes uit met een koekjesvormer. Leg de broodjes (koekjes) op een ingevette bakplaat en bak ze in een voorverwarmde oven op 220°C/thermostaat 7 gedurende 12 minuten tot ze gepoft en goudbruin zijn.

stukjes gerst

geef 12

175 g/6 oz/1½ kopjes gerstemeel

50 g/2 oz/½ kopje bloem (universeel)

een snufje zout

2,5 ml/½ theelepel zuiveringszout (zuiveringszout)

2,5 ml/½ theelepel wijnsteen

25 g/1 oz/2 eetlepels boter of margarine

25 g/1 oz/2 eetlepels zoete bruine suiker

100 ml/3½ fl oz/6½ eetlepels melk

Eigeel voor het glazuur

Meng bloem, zout, zuiveringszout en wijnsteen. Wrijf de boter of margarine erdoor tot het mengsel op broodkruim lijkt en voeg dan de suiker en voldoende melk toe om een zacht deeg te maken. Rol het deeg op een licht met bloem bestoven werkblad uit tot een dikte van 2 cm/¾ en steek er plakjes uit met een koekjesvormer. Leg de broodjes (koekjes) in een ingevette ovenschaal en bestrijk ze met eigeel. Bak in een voorverwarmde oven op 220°C/thermostaat 7 gedurende 10 minuten tot ze goudbruin zijn.

Datumbroodjes

geef 12

225 g volkorenmeel

2,5 ml/½ theelepel zuiveringszout (zuiveringszout)

2,5 ml/½ theelepel wijnsteen

2,5 ml/½ theelepel zout

40 g/1½ oz/3 eetlepels boter of margarine

15 ml / 1 eetlepel fijne suiker

2/3 kop/4 oz/100 g ontpitte dadels (ontpit), gehakt

Ongeveer 100 ml/3½ fl oz/6½ eetlepel karnemelk

Meng de bloem, zuiveringszout, wijnsteenroom en zout. Wrijf de
boter of margarine erdoor, meng de suiker en de dadels erdoor en
maak een kuiltje in het midden. Voeg geleidelijk voldoende
karnemelk toe om een middelzacht deeg te maken. Verdeel het dik
en snijd het in driehoeken. Leg de broodjes (koekjes) op een
ingevette bakplaat en bak ze in een voorverwarmde oven op
230°C/thermostaat 8 gedurende 20 minuten tot ze goudbruin zijn.

Kruidenbroodjes

geef 8

175 g/6 oz/¾ kopje boter of margarine

225 g/8 oz/2 kopjes (brood)meel voor alle doeleinden

15 ml / 1 theelepel bakpoeder

een snufje zout

5 ml/1 theelepel zoete bruine suiker

30 ml/2 eetlepels gedroogde kruiden

60 ml/4 eetlepels melk of water

Droog de melk met een föhn.

Boter of margarine wordt met bloem, bakpoeder en zout gekneed
tot het deeg op broodkruim lijkt. Meng suiker en kruiden. Voeg
voldoende melk of water toe om een zacht deeg te maken. Op een
licht met bloem bestoven werkblad uitrollen tot een dikte van
ongeveer 2 cm/¾ en met een koekjesvormer in ronde stukken
snijden. Leg de broodjes (koekjes) op een ingevette bakplaat en
bestrijk het oppervlak met melk. Bak in een voorverwarmde oven
op 200°C/thermostaat 6 gedurende 10 minuten tot het goed
gepoft en goudbruin is.

muesli brood

Maakt 8 wiggen

100 g muesli

¼ theelepel / 150 ml / 2/3 kopje water

2 oz/¼ kopje/50 g boter of margarine

100 g/4 oz/1 kop bloem voor alle doeleinden (normaal) of volkoren (volkoren)

10 ml / 2 theelepels bakpoeder

50 g rozijnen

1 losgeklopt ei

Week de muesli gedurende 30 minuten in water. Meng de boter of margarine met de bloem en het bakpoeder tot het deeg op broodkruim lijkt, voeg de rozijnen en de geweekte muesli toe en meng tot je een zacht deeg krijgt. Maak een cirkel van 8/20 cm en druk deze plat op een ingevette bakplaat. Gedeeltelijk in acht stukken snijden en bestrijken met ei. Bak in een voorverwarmde oven op 230°C/thermostaat 8 gedurende ongeveer 20 minuten tot ze goudbruin zijn.

Sinaasappelstukjes en rozijnen

geef 12

2 oz/¼ kopje/50 g boter of margarine

225 g/8 oz/2 kopjes gewone bloem (voor alle doeleinden)

2,5 ml/½ theelepel zuiveringszout (zuiveringszout)

100 g rozijnen

5 ml/1 theelepel geraspte sinaasappelschil

60 ml/4 eetlepels sinaasappelsap

60 ml/4 eetlepels melk

Melk voor het glazuur

Voeg de boter of margarine toe aan de bloem en het bakpoeder en voeg vervolgens de rozijnen en de sinaasappelschil toe. Meng sinaasappelsap en melk tot een gladde pasta ontstaat. Rol het deeg op een licht met bloem bestoven oppervlak uit tot een dikte van ongeveer 2,5 cm/1 en steek er plakjes uit met een koekjesvormer. Leg de broodjes (koekjes) op een ingevette bakplaat en bestrijk het oppervlak met melk. Bak in een voorverwarmde oven op 200°C/400°F/thermostaat 6 gedurende 15 minuten tot ze licht goudbruin zijn.

perenbroodjes

geef 12

2 oz/¼ kopje/50 g boter of margarine

225 g/8 oz/2 kopjes zelfrijzend bakmeel (gerezen)

25 g / 1 oz / 2 eetlepels kristalsuiker

1 stevige peer, geschild, klokhuis verwijderd en in stukjes gesneden

¼ pt/2/3 kopje/150 ml yoghurt

30 ml/2 eetlepels melk

Wrijf de boter of margarine door de bloem. Voeg de suiker en de peer toe en mix de yoghurt tot een gladde pasta. Voeg indien nodig een beetje melk toe. Rol het deeg op een licht met bloem bestoven oppervlak uit tot een dikte van ongeveer 2,5 cm/1 en steek er plakjes uit met een koekjesvormer. Leg de broodjes (koekjes) op een ingevette bakplaat en bak ze in een voorverwarmde oven op 230°C/thermostaat 8 gedurende 10-15 minuten tot ze goed gepoft en goudbruin zijn.

aardappel broodjes

geef 12

2 oz/¼ kopje/50 g boter of margarine

225 g/8 oz/2 kopjes zelfrijzend bakmeel (gerezen)

een snufje zout

175 g/6 oz/¾ kopje gekookte aardappelpuree

60 ml/4 eetlepels melk

Wrijf de boter of margarine met de bloem en het zout. Voeg de aardappelpuree en voldoende melk toe om een zacht deeg te maken. Rol het deeg op een licht met bloem bestoven oppervlak uit tot een dikte van ongeveer 2,5 cm/1 en steek er plakjes uit met een koekjesvormer. Leg de broodjes (koekjes) op een licht ingevette bakplaat en bak ze in een voorverwarmde oven op 200°C/thermostaat 6 gedurende 15-20 minuten tot ze licht goudbruin zijn.

rozijnenbroodjes

geef 12

75 g rozijnen

225 g/8 oz/2 kopjes gewone bloem (voor alle doeleinden)

2,5 ml/½ theelepel zout

15 ml/1 eetlepel bakpoeder

25 g / 1 oz / 2 eetlepels kristalsuiker

2 oz/¼ kopje/50 g boter of margarine

120 ml/4 fl oz/½ kopje slagroom (licht).

1 losgeklopt ei

Week de rozijnen 30 minuten in heet water en laat ze uitlekken. Meng de droge ingrediënten en wrijf ze in met de boter of margarine. Meng de room en het ei tot je een zacht deeg verkrijgt. Verdeel in drie balletjes, rol ze uit tot een dikte van ongeveer 1/2 cm en leg ze op een ingevette bakplaat. Snijd ze elk in vieren. Bak de broodjes (koekjes) in de oven, voorverwarmd op 230°C/thermostaat 8, gedurende ongeveer 10 minuten goudbruin.

Melasse broodjes

Geef het 10

225 g/8 oz/2 kopjes gewone bloem (voor alle doeleinden)

10 ml / 2 theelepels bakpoeder

2,5 ml/½ theelepel gemalen kaneel

2 oz/50 g/¼ kopje boter of margarine, in blokjes

25 g / 1 oz / 2 eetlepels kristalsuiker

30 ml/2 eetlepels donkere siroop (melasse)

150 ml/¼ pt/2/3 kopjes melk

Meng de bloem, bakpoeder en kaneel. Wrijf de boter of margarine erdoor en voeg vervolgens de suiker, de siroop en voldoende melk toe om een zacht deeg te maken. Rol het uit tot een schijf van 1/2 cm dik en steek er met een koekjesvormer 2 plakjes van 5 cm uit. Leg de broodjes (koekjes) op een ingevette bakplaat en bak ze in een voorverwarmde oven op 220°C/thermostaat 7 gedurende 10-15 minuten tot ze goed gepoft en goudbruin zijn.

Melasse en gemberbroodjes

geef 12

400 g/14 oz/3½ kopjes gewone bloem (universeel)

50 g/2 oz/½ kopje rijstmeel

5 ml/1 theelepel zuiveringszout (zuiveringszout)

2,5 ml/½ theelepel wijnsteen

10 ml/2 theelepels gemalen gember

2,5 ml/½ theelepel zout

10 ml/2 theelepel. fijnverdeelde suiker

2 oz/¼ kopje/50 g boter of margarine

30 ml/2 eetlepels donkere siroop (melasse)

300 ml/½ pt/1¼ kopje melk

Meng de droge ingrediënten. Wrijf de boter of margarine erdoor tot het mengsel op broodkruim lijkt. Voeg de siroop en voldoende melk toe om een zacht maar niet plakkerig deeg te maken. Kneed lichtjes op een licht met bloem bestoven oppervlak, rol uit en snij in 3 vormen van 7,5 cm. Leg de broodjes (koekjes) op een ingevette bakplaat en besprenkel met de resterende melk. Bak in een voorverwarmde oven op 220°C/thermostaat 7 gedurende 15 minuten tot het gepoft en goudbruin is.

Sultanabroodjes

geef 12

225 g/8 oz/2 kopjes gewone bloem (voor alle doeleinden)

een snufje zout

2,5 ml/½ theelepel zuiveringszout (zuiveringszout)

2,5 ml/½ theelepel wijnsteen

2 oz/¼ kopje/50 g boter of margarine

25 g / 1 oz / 2 eetlepels kristalsuiker

50 g/2 oz/1/3 kop rozijnen (gouden rozijnen)

7,5 ml/½ eetlepel citroensap

150 ml/¼ pt/2/3 kopjes melk

Meng bloem, zout, sodawater en wijnsteen. Wrijf de boter of margarine erdoor tot het mengsel op broodkruim lijkt. Meng de suiker en rozijnen. Voeg het citroensap toe aan de melk en meng geleidelijk de droge ingrediënten erdoor tot het deeg glad is. Kneed voorzichtig, rol het vervolgens uit tot een dikte van ongeveer ½/1 cm en snijd het in plakjes van 2/5 cm met een koekjesvormer. Leg de broodjes (koekjes) op een ingevette bakplaat en bak ze in een voorverwarmde oven op 230°C/thermostaat 8 gedurende ongeveer 10 minuten, tot ze goed gepoft en goudbruin zijn.

Volkorenbrood op siroop

geef 12

100 g volkorenmeel

100 g/4 oz/1 kopje gewone bloem (universeel)

25 g / 1 oz / 2 eetlepels kristalsuiker

2,5 ml/½ theelepel wijnsteen

2,5 ml/½ theelepel zuiveringszout (zuiveringszout)

5 ml/1 theelepel. theelepel kruidenmix (appeltaart)

2 oz/¼ kopje/50 g boter of margarine

30 ml/2 eetlepels donkere siroop (melasse)

100 ml/3½ fl oz/6½ eetlepels melk

Meng de droge ingrediënten en wrijf ze in met de boter of margarine. Verwarm de siroop en meng met de ingrediënten tot de melk een gladde pasta wordt. Rol het uit met een deegroller van 1/2 cm dik op een licht met bloem bestoven oppervlak en snijd het met een koekjesvormer in ronde stukken. Leg de broodjes (koekjes) op een ingevette en met bloem bestoven bakplaat en bestrijk ze met melk. Bak in een voorverwarmde oven op 190°C/375°F/thermostaat 5 gedurende 20 minuten.

Yoghurt stukjes

geef 12

200 g/7 oz/1¾ kopjes gewone bloem (universeel)

25 g/1 oz/¼ kopje rijstmeel

10 ml / 2 theelepels bakpoeder

een snufje zout

15 ml / 1 eetlepel fijne suiker

2 oz/¼ kopje/50 g boter of margarine

¼ pt/2/3 kopje/150 ml yoghurt

Meng de bloem, bakpoeder, zout en suiker. Wrijf de boter of margarine erdoor tot het mengsel op broodkruim lijkt. Voeg de yoghurt toe zodat er een zacht maar niet plakkerig deeg ontstaat. Rol het uit op een met bloem bestoven werkblad tot een dikte van ongeveer ¾/2 cm en snij het met een koekjesvormer in plakjes van 2/5 cm. Leg ze op een ingevette bakplaat en bak ze in de voorverwarmde oven op 200°C/thermostaat 6 gedurende ongeveer 15 minuten, tot ze goed gepoft en goudbruin zijn.

Stukjes kaas

geef 12

225 g/8 oz/2 kopjes gewone bloem (voor alle doeleinden)

2,5 ml/½ theelepel zout

15 ml/1 eetlepel bakpoeder

2 oz/¼ kopje/50 g boter of margarine

100 g/4 oz/1 kop geraspte cheddarkaas

150 ml/¼ pt/2/3 kopjes melk

Meng de bloem, het zout en het bakpoeder. Wrijf de boter of margarine erdoor tot het mengsel op broodkruim lijkt. Voeg de kaas toe. Voeg beetje bij beetje de melk toe tot er een zacht deeg ontstaat. Kneed voorzichtig, rol het vervolgens uit tot een dikte van ongeveer ½/1 cm en snijd het in plakjes van 2/5 cm met een koekjesvormer. Leg de broodjes (koekjes) op een ingevette bakplaat en bak ze in een voorverwarmde oven op 220°C/thermostaat 7 gedurende 12-15 minuten tot ze goed gepoft en goudbruin zijn. Serveer warm of koud.

Volkoren kruidenbroodjes

geef 12

100 g/4 oz/½ kopje boter of margarine

175 g volkorenmeel

50 g/2 oz/½ kopje bloem (universeel)

10 ml / 2 theelepels bakpoeder

30 ml/2 eetlepels. gehakte verse salie of tijm

150 ml/¼ pt/2/3 kopjes melk

Boter of margarine wordt ingewreven met bloem en bakpoeder totdat het mengsel op broodkruimels lijkt. Voeg voldoende kruiden en melk toe om een zacht deeg te maken. Kneed voorzichtig, rol het vervolgens uit tot een dikte van ongeveer ½/1 cm en snijd het in plakjes van 2/5 cm met een koekjesvormer. Leg de broodjes (koekjes) op een ingevette bakplaat en bestrijk het oppervlak met melk. Bak in een voorverwarmde oven op 220°C/thermostaat 7 gedurende 10 minuten tot het gepoft en goudbruin is.

Salami en kaaspijpen

Aanbiedingen 4

2 oz/¼ kopje/50 g boter of margarine

225 g/8 oz/2 kopjes zelfrijzend bakmeel (gerezen)

een snufje zout

50 g salami, geraspt

3 oz/75 g/¾ kopje geraspte cheddarkaas

75 ml/5 eetlepels melk

Kneed de boter of margarine met de bloem en het zout tot het mengsel op broodkruim lijkt. Voeg de salami en kaas toe, voeg vervolgens de melk toe en meng tot je een glad deeg hebt. Maak een cirkel van 20 cm en druk deze iets plat. Leg de broodjes (koekjes) op een ingevette bakplaat en bak ze in de voorverwarmde oven op 220°C/thermostaat 7 gedurende 15 minuten tot ze goudbruin zijn.

volkoren broodjes

geef 12

175 g volkorenmeel

50 g/2 oz/½ kopje bloem (universeel)

15 ml/1 eetlepel bakpoeder

een snufje zout

2 oz/¼ kopje/50 g boter of margarine

50 g kristalsuiker

150 ml/¼ pt/2/3 kopjes melk

Meng de bloem, bakpoeder en zout. Wrijf de boter of margarine erdoor tot het mengsel op broodkruim lijkt. Meng de suiker. Voeg beetje bij beetje de melk toe tot er een zacht deeg ontstaat. Kneed voorzichtig, rol het vervolgens uit tot een dikte van ongeveer ½/1 cm en snijd het in plakjes van 2/5 cm met een koekjesvormer. Leg de broodjes (koekjes) op een ingevette bakplaat en bak ze in een voorverwarmde oven op 230°C/thermostaat 8 gedurende ongeveer 15 minuten, tot ze gepoft en goudbruin zijn. Heet opdienen.

Conky uit Barbados

geef 12

350 g geraspte pompoen

225 g geraspte zoete aardappelen

1 grote kokosnoot, geraspt of 225 g/8 oz 2 kopjes gedroogde kokosnoot (geraspt)

350 g/12 oz/1½ kopjes zoete bruine suiker

5 ml/1 theelepel. gemalen kruiden (appeltaart)

5 ml/1 theelepel geraspte nootmuskaat

5 ml/1 theelepel zout

5 ml/1 theelepel amandelessence (extract)

100 g rozijnen

350 g maïsmeel

100 g zelfrijzend bakmeel

6 oz/¾ kopje/175 g boter of margarine, gesmolten

300 ml/½ pt/1¼ kopje melk

Meng de pompoen, zoete aardappel en kokosnoot. Meng de suiker, kruiden, zout en amandelessence. Voeg de rozijnen, maïsmeel en bloem toe en meng goed. Combineer de gesmolten boter of margarine met de melk en meng de droge ingrediënten tot alles goed gemengd is. Giet ongeveer 60 ml/4 eetlepels van het mengsel in de folie en zorg ervoor dat het mengsel niet te vol raakt. Vouw de aluminiumfolie zo in de verpakking dat deze stevig is ingepakt en het mengsel niet zichtbaar is. Herhaal met de rest van het mengsel. Stoom de snoepjes op een rooster boven kokend water gedurende ongeveer 1 uur tot ze stevig en gaar zijn. Serveer warm of koud.

Gebakken kerstkoekjes

geef 40

2 oz/¼ kopje/50 g boter of margarine

100 g/4 oz/1 kopje gewone bloem (universeel)

2,5 ml/½ theelepel gemalen kardemom

25 g / 1 oz / 2 eetlepels kristalsuiker

15 ml/1 eetlepel slagroom

5 ml/1 theelepel cognac

1 klein ei, losgeklopt

Kokende olie

Poedersuiker (banketbakkers) om te bestrooien

Kneed de boter of margarine met de bloem en kardemom tot het mengsel op broodkruim lijkt. Voeg de suiker toe, daarna de room, de cognac en voldoende eieren om het mengsel stevig genoeg te maken. Dek af en laat 1 uur afkoelen.

Rol het uit op een licht met bloem bestoven plank tot een dikte van ¼/5 mm en snijd het in reepjes van 10 x 2,5 cm/4 x 1 met behulp van een broodbakmachine. Maak met een scherp mes een snede in het midden van elke strook. Steek het andere uiteinde van het lint door de opening en vorm een halve cirkel. Bak de crackers in porties in hete olie gedurende ongeveer 4 minuten tot ze goudbruin en luchtig zijn. Laat ze uitlekken op keukenpapier (papieren handdoek) en serveer bestrooid met poedersuiker.

Maïsmeeltaarten

geef 12

100 g zelfrijzend bakmeel

100 g maïsmeel

5 ml/1 theelepel bakpoeder

15 g/½ oz/1 eetlepel poedersuiker

2 eieren

375 ml/13 oz/1½ kopje melk

60 ml/4 eetlepels olie

Ondiepe frituurolie

Meng de droge ingrediënten en maak een kuiltje in het midden.
Klop de eieren, melk en afgemeten olie los en meng met de droge
ingrediënten. Verhit een beetje olie in een grote koekenpan en bak
60 ml/4 el. klop totdat er belletjes op het oppervlak verschijnen.
Draai om en bruin aan de andere kant. Haal het uit de pan en houd
het warm terwijl je verder gaat met de rest van het deeg. Heet
opdienen.

broodjes

geef 8

15 g verse gist of 20 ml droge gist

5 ml/1 theelepel fijne suiker

300 ml/½ pt/1¼ kopje melk

1 ei

2¼ kopjes/9 oz/250 g bloem (universeel)

5 ml/1 theelepel zout

Smeerolie

Meng de gist en suiker met een beetje melk tot een pasta en meng met de rest van de melk en het ei. Voeg de vloeistof toe aan de bloem en het zout en meng tot je een dik, romig deeg hebt. Dek af en laat 30 minuten op een warme plaats staan tot het verdubbeld is. Verhit een bakplaat of een zware koekenpan (braadpan) en vet deze licht in. Plaats op een bakplaat van 7,5 cm/3 cm. (Als je geen bakcirkels hebt, knip dan voorzichtig de boven- en onderkant van een kleine pan af.) Giet kopjes van het mengsel in de cirkels en rooster ze ongeveer 5 minuten, tot de onderkant goudbruin is en de bovenkant stevig. Herhaal met de rest van het mengsel. Geserveerd geroosterd.

donuts

Dag 16

300 ml/½ pt/1¼ kopje warme melk

15 ml/1 eetlepel droge gist

175 g kristalsuiker

450 g universeel (brood)meel

5 ml/1 theelepel zout

2 oz/¼ kopje/50 g boter of margarine

1 losgeklopt ei

Kokende olie

5 ml/1 theelepel gemalen kaneel

Meng de warme melk, gist, 5 ml/1 theelepel suiker en 100 g/4 oz/1 kopje bloem. Laat het 20 minuten op een warme plaats staan tot het schuimt. Meng de resterende bloem, ¼ kopje/50 g suiker en zout in een kom en klop de boter of margarine erdoor tot het mengsel op broodkruim lijkt. Voeg het ei-gistmengsel toe en kneed een heel zacht deeg. Dek af en laat 1 uur op een warme plaats staan. Kneed opnieuw en vorm een schijf van 2 cm/½ dik. Snijd de plakjes in plakjes met een koekjesvormer van 3/8 cm en steek de middens eruit met een koekjesvormer van 1½/4 cm.

Leg het op een ingevette bakplaat en laat 20 minuten staan. Verhit de olie tot deze bijna rookt en bak de donuts een paar minuten tot ze goudbruin zijn. Loopt goed weg. Doe de rest van de suiker en kaneel in een zak en schud de donuts in de zak tot ze goed bedekt zijn.

aardappel pannen

geef 24

15 ml/1 eetlepel droge gist

60 ml/4 eetlepels warm water

25 g / 1 oz / 2 eetlepels kristalsuiker

25 g / 1 oz / 2 eetlepels silava (ingekort)

1,5 ml/¼ theelepel zout

75 g aardappelpuree

1 losgeklopt ei

120 ml/4 fl oz/½ kopje melk, gekookt

300 g/10 oz/2½ kopjes (brood)meel voor alle doeleinden

Kokende olie

Kristalsuiker om te bestrooien

Los de gist op in warm water met een theelepel suiker en laat schuimen. Meng het reuzel, de rest van de suiker en het zout. Voeg de aardappel, het gistmengsel, het ei en de melk toe, voeg vervolgens geleidelijk de bloem toe en meng tot je een glad deeg hebt. Leg het op een met bloem bestoven oppervlak en kneed goed. Doe het mengsel in een ingevette kom, dek af met plasticfolie en laat ongeveer 1 uur op een warme plaats staan tot het volume verdubbeld is.

Opnieuw kneden en vervolgens uitrollen tot een dikte van 1/2 cm. Snijd in plakjes met een koekjesvormer van 3/8 cm en steek vervolgens de middens uit met een koekjesvormer van 1½/4 cm om donuts te maken. Laat rijzen tot het verdubbeld is. Verhit de olie en bak de donuts goudbruin. Strooi de suiker erover en laat afkoelen.

Naan brood

geef 6

2,5 ml/½ theelepel droge gist

60 ml/4 eetlepels warm water

350 g/12 oz/3 kopjes gewone bloem (universeel)

10 ml / 2 theelepels bakpoeder

een snufje zout

¼ pt/2/3 kopje/150 ml yoghurt

Gesmolten boter om te bestrijken

Meng de gist en het warme water en laat het 10 minuten op een warme plaats staan tot het schuimt. Voeg het gistmengsel toe aan de bloem, het bakpoeder en het zout en voeg vervolgens de yoghurt toe tot een zacht deeg. Kneed tot het niet meer plakkerig is. Doe het in een ingevette kom, dek af en laat 8 uur rusten.

Verdeel het deeg in zes stukken en rol het uit tot ovalen van ongeveer ¼/5 mm dik. Leg ze op een ingevette bakplaat en bestrijk ze met gesmolten boter. Grill (grill) op middelhoog vuur (grill) gedurende ongeveer 5 minuten tot het licht gepoft is, draai de andere kant om en vet hem in en rooster nog eens 3 minuten tot hij lichtbruin is.

Haver Bannocks

geef 4

100 g middelgrote haver

2,5 ml/½ theelepel zout

snufje zuiveringszout (bakingsoda)

10 ml / 2 theelepels olie

60 ml/4 theelepels heet water

Meng de droge ingrediënten in een kom en maak een kuiltje in het midden. Meng de olie en voldoende water tot een harde pasta. Leg het op een licht met bloem bestoven oppervlak en kneed tot een gladde massa. Rol het uit tot een schijf van ongeveer ¼/5 mm dik, strijk de randen glad en snijd in wiggen. Verhit een koekenpan of een zware koekenpan en bak (bak) de bannocks ongeveer 20 minuten tot de hoeken beginnen te krullen. Draai om en bak aan de andere kant gedurende 6 minuten.

snoek

geef 8

10 ml/2 theelepel verse gist of 5 ml/1 theelepel droge gist

5 ml/1 theelepel fijne suiker

300 ml/½ pt/1¼ kopje melk

1 ei

225 g/8 oz/2 kopjes gewone bloem (voor alle doeleinden)

5 ml/1 theelepel zout

Smeerolie

Meng de gist en suiker met een beetje melk tot een pasta en meng met de rest van de melk en het ei. De vloeistof wordt gemengd met bloem en zout en gemengd tot een fijne pasta. Dek af en laat 30 minuten op een warme plaats staan tot het verdubbeld is. Verhit een bakplaat of een zware koekenpan (braadpan) en vet deze licht in. Giet kopjes van het mengsel in de pan en kook ongeveer 3 minuten tot ze goudbruin zijn aan de onderkant, draai dan om en kook ongeveer 2 minuten aan de andere kant. Herhaal met de rest van het mengsel.

Laat de broodjes iets zakken

geef 15

100 g zelfrijzend bakmeel

een snufje zout

15 ml / 1 eetlepel fijne suiker

1 ei

150 ml/¼ pt/2/3 kopjes melk

Smeerolie

Meng de bloem, het zout en de suiker en maak een kuiltje in het midden. Dompel het ei erin en meng het ei en de melk geleidelijk tot je een gladde pasta krijgt. Verhit een grote koekenpan (koekenpan) en vet deze licht in. Als het heet is, doe je eetlepels deeg in de pan om cirkels te vormen. Bak ongeveer 3 minuten tot de broodjes (koekjes) gepoft en goudbruin zijn aan de onderkant, draai ze dan om en bruin ze aan de andere kant. Serveer warm of warm.

esdoorn broodjes

Geef het 30

200 g zelfrijzend bakmeel (gerezen)

25 g/1 oz/¼ kopje rijstmeel

10 ml / 2 theelepels bakpoeder

25 g / 1 oz / 2 eetlepels kristalsuiker

een snufje zout

15 ml/1 eetlepel ahornsiroop

1 losgeklopt ei

200 ml / 7 fl oz / bijna 1 kopje melk

Zonnebloemolie

2 oz/¼ kopje/50 g boter of margarine, verzacht

15 ml / 1 eetlepel gehakte walnoten

Meng de bloem, gist, suiker en zout en maak een kuiltje in het midden. Voeg de ahornsiroop, het ei en de helft van de melk toe en klop tot een gladde massa. Meng de rest van de melk tot een dikke pasta ontstaat. Verhit een beetje olie in een koekenpan en giet het overtollige af. Schep lepels beslag in de pan en bak tot ze goudbruin zijn op de bodem. Draai en bak ook de andere kanten. Haal het uit de pan en houd het warm terwijl je de overige broodjes bakt. Meng voor het serveren boter of margarine met noten en bestrooi warme broodjes met gearomatiseerde boter.

gegrilde broodjes

geef 12

225 g/8 oz/2 kopjes gewone bloem (voor alle doeleinden)

5 ml/1 theelepel zuiveringszout (zuiveringszout)

10 ml/2 theelepel wijnsteen

2,5 ml/½ theelepel zout

25 g / 1 oz / 2 eetlepels ghee (bakvet) of boter

25 g / 1 oz / 2 eetlepels kristalsuiker

150 ml/¼ pt/2/3 kopjes melk

Smeerolie

Meng de bloem, zuiveringszout, wijnsteenroom en zout. Wrijf het reuzel of de boter erdoor en voeg dan de suiker toe. Voeg beetje bij beetje de melk toe tot je een zacht deeg verkrijgt. Snijd het deeg doormidden, kneed het en vorm elk deeg tot een platte ronde van ongeveer 1/2 cm dik. Snijd elke cirkel in zes. Verhit een grote koekenpan of koekenpan en een beetje olie. Als de broodjes warm zijn, doe je ze in de pan en bak je ze ongeveer 5 minuten tot de onderkant goudbruin is, draai ze dan om en bak ze aan de andere kant. Laat afkoelen op een rooster.

Gegrilde stukjes met kaas

geef 12

25 g/1 oz/2 eetlepels boter of margarine, verzacht

100 g kwark

5 ml/1 theelepel gehakte verse bieslook

2 losgeklopte eieren

1½ oz/40 g/1/3 kopje bloem (universeel)

15 g/½ oz/2 eetlepels rijstmeel

5 ml/1 theelepel bakpoeder

15 ml/1 eetlepel melk

Smeerolie

Meng alle ingrediënten behalve de olie tot je een dikke pasta krijgt. Verhit een beetje olie in een koekenpan en giet het overtollige af. Bak (bak) eetlepels van het mengsel tot de bodem goudbruin is. Draai de broodjes (koekjes) om en bak ze aan de andere kant. Haal het uit de pan en houd het warm terwijl je de overige broodjes bakt.

Speciale Schotse pannenkoeken

geef 12

100 g/4 oz/1 kopje gewone bloem (universeel)

10 ml/2 theelepel. fijnverdeelde suiker

5 ml/1 theelepel wijnsteen

2,5 ml/½ theelepel zout

2,5 ml/½ theelepel zuiveringszout (zuiveringszout)

1 ei

5 ml/1 theelepel gouden siroop (lichte maïs)

120 ml/4 fl oz/½ kopje warme melk

Smeerolie

Meng de droge ingrediënten en maak een kuiltje in het midden.
Klop het ei los met de siroop en de melk en meng met het
bloemmengsel tot het deeg erg dik is. Dek af en laat ongeveer 15
minuten staan totdat het mengsel begint te borrelen. Verhit een
grote bakplaat of zware koekenpan en vet deze licht in. Schep
kleine lepels beslag op de bakplaat en bak aan de ene kant
gedurende ongeveer 3 minuten tot ze goudbruin zijn aan de
onderkant, draai dan om en bak aan de andere kant gedurende
ongeveer 2 minuten. Wikkel de pannenkoeken in een warme
theedoek (torchon) terwijl je de rest van het beslag klaarmaakt.
Serveer koud en beboterd, geroosterd of gebakken (gefrituurd).

Schotse fruitpannenkoekjes

geef 12

100 g/4 oz/1 kopje gewone bloem (universeel)

10 ml/2 theelepel. fijnverdeelde suiker

5 ml/1 theelepel wijnsteen

2,5 ml/½ theelepel zout

2,5 ml/½ theelepel zuiveringszout (zuiveringszout)

100 g rozijnen

1 ei

5 ml/1 theelepel gouden siroop (lichte maïs)

120 ml/4 fl oz/½ kopje warme melk

Smeerolie

Meng de droge ingrediënten met de rozijnen en maak een kuiltje in
het midden. Klop het ei los met de siroop en de melk en meng met
het bloemmengsel tot het deeg erg dik is. Dek af en laat ongeveer
15 minuten staan totdat het mengsel begint te borrelen. Verhit een
grote bakplaat of zware koekenpan en vet deze licht in. Schep
kleine lepels beslag op de bakplaat en bak aan de ene kant
gedurende ongeveer 3 minuten tot ze goudbruin zijn aan de
onderkant, draai dan om en bak aan de andere kant gedurende
ongeveer 2 minuten. Wikkel de pannenkoeken in een warme
(fakkel)keukendoek terwijl de rest kookt. Serveer koud en
beboterd, geroosterd of gebakken (gefrituurd).

Schotse sinaasappelpannenkoekjes

geef 12

100 g/4 oz/1 kopje gewone bloem (universeel)

10 ml/2 theelepel. fijnverdeelde suiker

5 ml/1 theelepel wijnsteen

2,5 ml/½ theelepel zout

2,5 ml/½ theelepel zuiveringszout (zuiveringszout)

10 ml/2 theelepels geraspte sinaasappelschil

1 ei

5 ml/1 theelepel gouden siroop (lichte maïs)

120 ml/4 fl oz/½ kopje warme melk

Een paar druppels sinaasappelessence (extract)

Smeerolie

Meng de droge ingrediënten en de sinaasappelschil en maak een kuiltje in het midden. Klop het ei los met de siroop, melk en sinaasappelessence en voeg toe aan het bloemmengsel tot het deeg erg dik is. Dek af en laat ongeveer 15 minuten staan totdat het mengsel begint te borrelen. Verhit een grote bakplaat of zware koekenpan en vet deze licht in. Schep kleine lepels beslag op de bakplaat en bak aan de ene kant gedurende ongeveer 3 minuten tot ze goudbruin zijn aan de onderkant, draai dan om en bak aan de andere kant gedurende ongeveer 2 minuten. Wikkel de pannenkoeken in een warme (fakkel)keukendoek terwijl de rest kookt. Serveer koud en beboterd, geroosterd of gebakken (gefrituurd).

bard zingt

geef 12

225 g/8 oz/2 kopjes gewone bloem (voor alle doeleinden)

2,5 ml/½ theelepel zout

2,5 ml/½ theelepel bakpoeder

50 g reuzel (ingekort)

2 oz/¼ kopje/50 g boter of margarine

100 g rozijnen

120 ml/4 oz/½ kopje melk

Smeerolie

Meng de droge ingrediënten en voeg het spek en de boter of margarine toe tot het mengsel op broodkruim lijkt. Voeg de krenten toe en maak een kuiltje in het midden. Voeg voldoende melk toe om een stevig deeg te maken. Rol op een licht met bloem bestoven werkvlak een deegroller van ongeveer 1/2 cm dik uit en prik er met een vork gaatjes in. Verhit een bakplaat of een zware koekenpan (braadpan) en vet deze licht in. Bak de cake ongeveer 5 minuten tot de onderkant goudbruin is, draai hem dan om en bak de andere kant ongeveer 4 minuten. Serveer verdeeld en besmeer met boter.

Welshe taarten

Aanbiedingen 4

225 g/8 oz/2 kopjes gewone bloem (voor alle doeleinden)

5 ml/1 theelepel bakpoeder

2,5 ml/½ theelepel. gemalen kruiden (appeltaart)

2 oz/¼ kopje/50 g boter of margarine

50 g reuzel (ingekort)

75 g kristalsuiker

50 g rozijnen

1 losgeklopt ei

30-45 ml/2-3 eetlepels melk

Meng bloem, bakpoeder en kruiden in een kom. Wrijf de boter of margarine en het reuzel door elkaar tot het mengsel op broodkruim lijkt. Meng suiker en krenten. Meng voldoende ei en melk tot een stevig deeg. Rol het uit op een met bloem bestoven bord tot een dikte van ¼/5 mm en snijd het in plakjes van 3/7,5 cm. Bak op een ingevette bakplaat ongeveer 4 minuten aan elke kant tot ze goudbruin zijn.

Welshe pannenkoeken

geef 12

175 g/6 oz/1½ kopjes gewone bloem (universeel)

2,5 ml/½ theelepel wijnsteen

2,5 ml/½ theelepel zuiveringszout (zuiveringszout)

50 g kristalsuiker

25 g/1 oz/2 eetlepels boter of margarine

1 losgeklopt ei

120 ml/4 oz/½ kopje melk

2,5 ml/½ theelepel azijn

Smeerolie

Meng de droge ingrediënten en voeg suiker toe. Insmeren met boter of margarine en een kuiltje in het midden maken. Voeg het ei en voldoende melk toe om een dun deeg te maken. Voeg de azijn toe. Verhit een bakplaat of een zware koekenpan (braadpan) en vet deze licht in. Doe grote lepels beslag in de pan en bak ongeveer 3 minuten tot ze goudbruin zijn op de bodem. Draai om en bak aan de andere kant gedurende ongeveer 2 minuten. Serveer warm en besmeer met boter.

Mexicaans gekruid maisbrood

Maakt 8 rollen

225 g/8 oz/2 kopjes zelfrijzend bakmeel (gerezen)

5 ml/1 theelepel chilipoeder

2,5 ml/½ theelepel zuiveringszout (zuiveringszout)

200 g/7 oz/1 klein blik maïs in blik

15 ml/1 eetlepel currypasta

250 ml/8 oz/1 kopje yoghurt

Ondiepe frituurolie

Meng bloem, chilipoeder en frisdrank. Combineer de rest van de ingrediënten behalve de olie en meng tot je een glad deeg hebt. Leg het op een licht met bloem bestoven oppervlak en kneed het voorzichtig tot een gladde massa. Snijd in acht stukken en snijd elk in 13 cm/5 rondjes. Verhit de olie in een koekenpan met dikke bodem en bak de maïsbroodjes 2 minuten aan elke kant, tot ze goudbruin en licht gepoft zijn.

Zweeds platbrood

geef 4

225 g volkorenmeel

8 oz/225 g/2 kopjes rogge- of gerstemeel

5 ml/1 theelepel zout

Ongeveer 250 ml/8 fl oz/1 kopje warm water

Smeerolie

Meng de bloem en het zout in een kom en voeg dan geleidelijk het
water toe tot je een stevig deeg verkrijgt. Afhankelijk van het
gebruikte meel heb je mogelijk iets meer of minder water nodig.
Klop goed totdat het deeg loskomt van de zijkanten van de kom,
leg het dan op een licht met bloem bestoven oppervlak en kneed
het gedurende 5 minuten. Verdeel het deeg in vier delen en spreid
het uit tot een dunne laag van 20 cm/8 cirkels. Verhit een bakplaat
of grote koekenpan (koekenpan) en vet deze licht in. Bak (bak) één
of twee broden per keer gedurende ongeveer 15 minuten aan elke
kant tot ze goudbruin zijn.

Gestoomd maïs- en roggebrood

23cm/9 per reep

175 g/6 oz/1½ kopje roggemeel

175 g volkorenmeel

100 g/4 oz/1 kop gerolde haver

10 ml/2 theelepels zuiveringszout (zuiveringszout)

5 ml/1 theelepel zout

450 ml/¾ pt/2 kopjes melk

175 g/6 oz/½ kopje donkere siroop (melasse)

10 ml/2 theelepels citroensap

Meng bloem, haver, baking soda en zout. Verwarm de melk, de siroop en het citroensap tot ze warm zijn en meng ze met de droge ingrediënten. Giet het mengsel in een ingevette puddingvorm van 9 cm/23 cm en dek af met gevouwen aluminiumfolie. Doe het in een grote pan en vul het met voldoende heet water tot halverwege de zijkant van de pan. Dek af en kook gedurende 3 uur, voeg indien nodig meer kokend water toe. Laat een nacht staan voordat u het serveert.

Zoet gestoomd maisbrood

Voor twee broden van 450 g

175 g/6 oz/1½ kopjes gewone bloem (universeel)

225 g/8 oz/2 kopjes maïzena

15 ml/1 eetlepel bakpoeder

een snufje zout

3 eieren

45 ml/3 eetlepels olie

150 ml/¼ pt/2/3 kopjes melk

300 g suikermaïs uit blik, uitgelekt en gehakt

Meng bloem, maïsmeel, bakpoeder en zout. Klop de eieren, olie en melk door elkaar en meng ze samen met de zoete maïs door de droge ingrediënten. Giet het mengsel in twee ingevette bakvormen van 450 g en plaats het in een grote pan gevuld met voldoende kokend water tot halverwege de zijkanten van de bakvormen. Dek af en laat 2 uur sudderen, voeg indien nodig meer kokend water toe. Laat ze afkoelen in de vormpjes voordat je ze omdraait en aansnijdt.

Volkoren chapati's

geef 12

225 g volkorenmeel

5 ml/1 theelepel zout

¼ theelepel / 150 ml / 2/3 kopje water

Meng de bloem en het zout in een kom en voeg dan geleidelijk het water toe tot je een stevig deeg verkrijgt. Verdeel het in 12 stukken en rol het dun uit op een met bloem bestoven oppervlak. Vet een koekenpan (pot) of bakplaat met dikke bodem in en bak een paar chapati's tegelijk op middelhoog vuur tot ze goudbruin zijn. Draai om en bak tot de andere kant lichtbruin is. Houd de chapati warm terwijl je de rest klaarmaakt. Serveer indien gewenst met boter aan de andere kant.

volkoren pers

geef 8

100 g volkorenmeel

100 g/4 oz/1 kopje gewone bloem (universeel)

2,5 ml/½ theelepel zout

25 g/1 oz/2 eetlepels boter of margarine, gesmolten

¼ theelepel / 150 ml / 2/3 kopje water

Kokende olie

Meng de bloem en het zout en maak een kuiltje in het midden. Voeg boter of margarine toe. Voeg geleidelijk water toe, roer tot een stevige pasta ontstaat. Kneed gedurende 5 tot 10 minuten, dek af met een vochtige doek en laat 15 minuten rusten.

Verdeel het deeg in acht delen en rol elk deel uit tot 5 cirkels van 13 cm. Verhit de olie in een grote koekenpan met dikke bodem en bak de stukken één of twee tegelijk tot ze gepoft, knapperig en goudbruin zijn. Droog af met een papieren handdoek (papieren handdoek).

Amandel koekjes

geef 24

100 g/4 oz/½ kopje boter of margarine, verzacht

50 g kristalsuiker

100 g zelfrijzend bakmeel

25 g gemalen amandelen

Een paar druppels amandelessence (extract)

Klop de boter of margarine en de suiker licht en luchtig. Meng de bloem, de gemalen amandelen en de amandelessence tot je een stevig deeg verkrijgt. Vorm grote balletjes ter grootte van een walnoot en plaats ze ver uit elkaar op een ingevette bakplaat. Maak ze vervolgens een beetje plat met een vork. Bak de koekjes (koekjes) in de voorverwarmde oven op 180°C gedurende 15 minuten goudbruin.

Amandel krullen

Geef het 30

100 g / 4 oz / 1 kopje geschaafde amandelen (gesneden)

100 g/4 oz/½ kopje boter of margarine

100 g kristalsuiker

30 ml/2 eetlepels melk

15-30 ml/1-2 eetlepels. gewone bloem (algemeen)

Doe de amandelen, boter of margarine, suiker en melk in een pan met 15 ml/1 eetlepel bloem. Verwarm zachtjes al roerend tot het mengsel goed gemengd is. Voeg indien nodig de resterende bloem toe om het mengsel bij elkaar te houden. Plaats de eetlepels afzonderlijk op een ingevette en met bloem bestoven bakplaat en bak ze in de voorverwarmde oven op 180°C/thermostaat 4 gedurende 8 minuten tot ze lichtbruin zijn. Laat ongeveer 30 seconden afkoelen op de bakplaat en vorm dan lussen rond het handvat van een houten lepel. Als ze voldoende zijn afgekoeld om vorm te geven, zet je ze een paar seconden in de oven om ze op te warmen voordat je de rest vormgeeft.

amandel ringen

geef 24

100 g/4 oz/½ kopje boter of margarine, verzacht

100 g kristalsuiker

1 ei, gescheiden

225 g/8 oz/2 kopjes gewone bloem (voor alle doeleinden)

5 ml/1 theelepel bakpoeder

5 ml/1 theelepel geraspte citroenschil

2 oz/½ kopje/50 g geschaafde amandelen (gehakt)

Poedersuiker (extra fijn) om te bestrooien

Klop de boter of margarine en de suiker licht en luchtig. Klop geleidelijk de eierdooier erdoor en voeg vervolgens de bloem, het bakpoeder en de citroenschil toe. Werk af met je handen tot het mengsel blijft plakken. Rol uit tot een dikte van ¼/5 mm en steek cirkels van 2¼/6 cm uit met een koekjesvormer. Steek vervolgens de middens uit met een ¾/2 cm koekjesvormer. Leg de koekjes voorzichtig op een ingevette bakplaat en prik er met een vork gaatjes in. Bak in een voorverwarmde oven op 180°C/350°F/thermostaat 4 gedurende 10 minuten. Bestrijk ze met eiwit, bestrooi ze met amandelen en suiker en zet ze nog eens 5 minuten in de oven tot ze lichtbruin zijn.

Mediterrane amandelkoekjes

geef 24

2 eieren, gescheiden

175 g poedersuiker (banketbakkerssuiker), gezeefd

10 ml / 2 theelepels bakpoeder

Schil van ½ citroen

Een paar druppels vanille-essence (extract)

400 g/14 oz/3½ kopjes gemalen amandelen

Klop de dooiers en één eiwit met de suiker tot een licht schuim ontstaat. Voeg alle overige ingrediënten toe en mix tot je een stevig deeg hebt. Vorm balletjes ter grootte van een walnoot en leg ze op een ingevette bakplaat, druk ze lichtjes aan om ze plat te maken. Bak in een voorverwarmde oven op 180°C/350°F/thermostaat 4 gedurende 15 minuten tot ze goudbruin en gebarsten zijn.

Amandel- en chocoladekoekjes

geef 24

2 oz/¼ kopje/50 g boter of margarine, verzacht

75 g kristalsuiker

1 klein ei, losgeklopt

100 g/4 oz/1 kopje gewone bloem (universeel)

2,5 ml/½ theelepel bakpoeder

25 g gemalen amandelen

25 g/1 oz/¼ kopje natuurlijke chocolade (halfzoet), geraspt

Klop de boter of margarine en de suiker licht en luchtig. Voeg beetje bij beetje het ei toe en meng de rest van de ingrediënten tot je een vrij stevige pasta verkrijgt. Als het mengsel te nat is, voeg dan nog een beetje bloem toe. Wikkel het in aluminiumfolie (plasticfolie) en zet het 30 minuten in de koelkast.

Het deeg wordt in cilindervorm gerold en in plakjes van ½ cm gesneden. Afzonderlijk goed op een ingevette bakplaat plaatsen en in een voorverwarmde oven op 190°C/thermostaat gedurende 5 tot 10 minuten bakken.

Amish fruit- en notenkoekjes

geef 24

100 g/4 oz/½ kopje boter of margarine, verzacht

175 g kristalsuiker

1 ei

75 ml/5 eetlepels melk

75 g/3 oz/¼ kopje donkere siroop (melasse)

2¼ kopjes/9 oz/250 g bloem (universeel)

10 ml / 2 theelepels bakpoeder

15 ml/1 eetlepel gemalen kaneel

10 ml/2 theelepels zuiveringszout (zuiveringszout)

2,5 ml/½ theelepel geraspte nootmuskaat

50 g/2 oz/½ kopje middelgrote haver

50 g rozijnen

25 g gehakte walnoten

Klop de boter of margarine en de suiker licht en luchtig. Voeg geleidelijk het ei toe, daarna de melk en de siroop. Voeg de overige ingrediënten toe en meng tot je een stevig deeg verkrijgt. Voeg een beetje meer melk toe als het mengsel te moeilijk is om mee te werken, of een beetje meer bloem als het te plakkerig is; De textuur zal variëren afhankelijk van het gebruikte meel. Rol het deeg uit tot een dikte van ongeveer ¼/5 mm en snijd het in plakjes met een koekjesvormer. Leg ze op een ingevette bakplaat en bak ze in een voorverwarmde oven op 180°C/thermostaat 4 gedurende 10 minuten tot ze goudbruin zijn.

anijs koekjes

Dag 16

175 g kristalsuiker

2 eiwitten

1 ei

100 g/4 oz/1 kopje gewone bloem (universeel)

5 ml/1 theelepel gemalen anijs

Klop de suiker, het eiwit en het ei gedurende 10 minuten. Voeg geleidelijk de bloem toe en voeg de anijs toe. Giet het mengsel in een cakevorm van 450 gram en bak in een voorverwarmde oven op 180°C gedurende 35 minuten tot een tandenstoker die je in het midden steekt er schoon uitkomt. Haal het uit de vorm en snij in plakjes van 1 cm/½. Leg de koekjes op hun zijkant op een ingevette bakplaat en zet ze nog eens 10 minuten in de oven. Draai ze om en bak ze.

Bananenkoekjes, havermout, sinaasappelsap

geef 24

100 g/4 oz/½ kopje boter of margarine, verzacht

100 g rijpe bananen, gepureerd

120 ml sinaasappelsap

4 eiwitten, lichtgeklopt

10 ml/2 theelepels vanille-essence (extract)

5 ml/1 theelepel fijn geraspte sinaasappelschil

225 g/8 oz/2 kopjes haver

225 g/8 oz/2 kopjes gewone bloem (voor alle doeleinden)

5 ml/1 theelepel zuiveringszout (zuiveringszout)

5 ml/1 theelepel geraspte nootmuskaat

een snufje zout

Klop de boter of margarine glad en voeg de bananen en het sinaasappelsap toe. Combineer het eiwit, de custard en de sinaasappelschil en roer het bananenmengsel en de rest van de ingrediënten erdoor. Schep lepels vol op een bakplaat en bak in een voorverwarmde oven op 180°C/350°F/thermostaat 4 gedurende 20 minuten tot ze goudbruin zijn.

Basis cookies

geef 40

100 g/4 oz/½ kopje boter of margarine, verzacht

100 g kristalsuiker

1 losgeklopt ei

5 ml/1 theelepel vanille-essence (extract)

225 g/8 oz/2 kopjes gewone bloem (voor alle doeleinden)

Klop de boter of margarine en de suiker licht en luchtig. Voeg geleidelijk het ei en de vanille-essence toe, voeg vervolgens de bloem toe en kneed tot je een homogeen deeg verkrijgt. Vorm een bal, wikkel hem in plasticfolie en zet hem 1 uur in de koelkast.

Rol het deeg uit tot een dikte van ¼/5 mm en steek er plakjes uit met een koekjesvormer. Leg ze op een ingevette bakplaat en bak ze in een voorverwarmde oven op 200°C/thermostaat 6 gedurende 10 minuten tot ze goudbruin zijn. Laat 5 minuten afkoelen op de bakplaat voordat je het op een rooster legt om het afkoelen te voltooien.

Knapperige zemelenkoekjes

Dag 16

100 g volkorenmeel

100 g/4 oz/½ kopje zoete bruine suiker

25 g/1 oz/¼ kopje haver

25 g/1 oz/½ kopje zemelen

5 ml/1 theelepel zuiveringszout (zuiveringszout)

5 ml/1 theelepel gemalen gember

100 g/4 oz/½ kopje boter of margarine

15 ml/1 eetlepel gouden siroop (lichte maïs)

15 ml/1 eetlepel melk

Meng de droge ingrediënten. Smelt de boter met de siroop en de melk en meng de droge ingrediënten tot een stevige pasta. Schep lepels koekjesmengsel op een ingevette bakplaat en bak in de voorverwarmde oven op 160°C/thermostaat 3 gedurende 15 minuten tot ze goudbruin zijn.

sesam koekjes

geef 12

225 g volkorenmeel

5 ml/1 theelepel bakpoeder

25 g/1 oz/½ kopje zemelen

een snufje zout

2 oz/¼ kopje/50 g boter of margarine

45 ml/3 eetlepels. zoete bruine suiker

45 ml/3 eetlepels rozijnen (gouden rozijnen)

1 ei, lichtgeklopt

120 ml/4 oz/½ kopje melk

45 ml/3 eetlepels sesamzaadjes

Meng de bloem, bakpoeder, zemelen en zout en voeg de boter of margarine toe tot het mengsel op broodkruim lijkt. Voeg de suiker en de rozijnen toe, voeg het ei en voldoende melk toe om een zacht maar niet plakkerig deeg te maken. Rol het uit tot een schijf van 1 cm/½ dik en steek er plakjes uit met een koekjesvormer. Leg het in een ingevette ovenschaal, besprenkel met melk en bestrooi met sesamzaadjes. Bak in een voorverwarmde oven op 220°C/thermostaat 7 gedurende 10 minuten tot ze goudbruin zijn.

Brandewijn- en komijnkoekjes

Geef het 30

25 g/1 oz/2 eetlepels boter of margarine, verzacht

75 g zoete bruine suiker

½ ei

10 ml/2 theelepels cognac

175 g/6 oz/1½ kopjes gewone bloem (universeel)

10 ml/2 theelepel komijnzaad

5 ml/1 theelepel bakpoeder

een snufje zout

Klop de boter of margarine en de suiker licht en luchtig. Voeg geleidelijk het ei en de cognac toe, voeg de rest van de ingrediënten toe en meng tot een stevig deeg ontstaat. Wikkel het in aluminiumfolie (plasticfolie) en zet het 30 minuten in de koelkast.

Rol het deeg uit op een licht met bloem bestoven oppervlak tot een dikte van ongeveer 3 mm en steek er plakjes uit met een koekjesvormer. Leg de koekjes op een ingevette bakplaat en bak ze in de voorverwarmde oven op 200°C/thermostaat 6 gedurende 10 minuten.

Brandewijn Snapp

Geef het 30

100 g/4 oz/½ kopje boter of margarine

100 g/4 oz/1/3 kop gouden siroop (lichte maïs)

100 g/4 oz/½ kopje demerarasuiker

100 g/4 oz/1 kopje gewone bloem (universeel)

5 ml/1 theelepel gemalen gember

5 ml/1 theelepel citroensap

Smelt de boter of margarine, de siroop en de suiker in een pan.
Laat het iets afkoelen en voeg dan de bloem, gember en citroensap
toe. Schep theelepels van het mengsel met intervallen van 4/10 cm
op een ingevette bakplaat en bak in een voorverwarmde oven op
180°C/350°F/thermostaat 4 gedurende 8 minuten tot ze
goudbruin zijn. Laat een minuut afkoelen, verwijder dan het
bakpapier met een plakje en ga met een houten lepel langs het
ingevette handvat. Verwijder het handvat van de lepel en laat hem
afkoelen op een rooster. Als de ijslolly's te hard worden voordat je
ze gaat vormen, zet ze dan nog een minuutje in de oven om ze op
te warmen en zacht te worden.

Boterkoekjes

geef 24

100 g/4 oz/½ kopje boter of margarine, verzacht

50 g kristalsuiker

schil van 1 citroen

150 g/5 oz/1¼ kopjes zelfrijzend bakmeel (gerezen)

Klop de boter of margarine en de suiker licht en luchtig. Roer de citroenschil erdoor en meng de bloem erdoor tot het stevig is. Vorm grote balletjes ter grootte van een walnoot en plaats ze ver uit elkaar op een ingevette bakplaat. Maak ze vervolgens een beetje plat met een vork. Bak de koekjes (koekjes) in de voorverwarmde oven op 180°C gedurende 15 minuten goudbruin.

Karamel koekjes

geef 40

100 g/4 oz/½ kopje boter of margarine, verzacht

100 g/4 oz/½ kopje donkerbruine suiker

1 losgeklopt ei

¼ theelepel/1,5 ml vanille-essence (extract)

225 g/8 oz/2 kopjes gewone bloem (voor alle doeleinden)

7,5 ml / 1½ theelepel bakpoeder

een snufje zout

Klop de boter of margarine en de suiker licht en luchtig. Voeg beetje bij beetje het ei en de vanille-essence toe. Voeg de bloem, bakpoeder en zout toe. Vorm het deeg in drie worsten met een diameter van ongeveer 5 cm, wikkel het in plasticfolie en zet het 4 uur of een hele nacht in de koelkast.

Snijd in plakjes van 1/8/3 mm dik en leg ze op een niet ingevette bakplaat. Bak de koekjes in de oven, voorverwarmd op 190°C/thermostaat 5, gedurende 10 minuten tot ze licht goudbruin zijn.

Karamel koekjes

Geef het 30

2 oz/¼ kopje/50 g boter of margarine, verzacht

50 g reuzel (ingekort)

225 g/8 oz/1 kopje zoete bruine suiker

1 ei, lichtgeklopt

175 g/6 oz/1½ kopjes gewone bloem (universeel)

1,5 ml/¼ theelepel zuiveringszout (zuiveringszout)

1,5 ml/¼ theelepel wijnsteen

Een snufje geraspte nootmuskaat

10 ml / 2 theelepels water

2,5 ml/½ theelepel vanille-essence (extract)

Klop de boter of margarine, het reuzel en de suiker licht en luchtig. Klop het ei beetje bij beetje los. Meng de bloem, het zuiveringszout, de wijnsteen en de nootmuskaat, voeg het water en de vanille-essence toe en meng tot een glad deeg. Rol het tot een worstvorm, wikkel het in vershoudfolie (plasticfolie) en bewaar het minimaal 30 minuten, bij voorkeur langer, in de koelkast.

Snijd het deeg in plakjes van 1/2 cm en leg deze op een ingevette bakplaat. Bak de koekjes in de oven, voorverwarmd op 180°C/thermostaat 4, gedurende 10 minuten goudbruin.

Wortel- en walnootkoekjes

Dag 48

6 oz/¾ kopje/175 g boter of margarine, verzacht

100 g/4 oz/½ kopje zoete bruine suiker

50 g kristalsuiker

1 ei, lichtgeklopt

225 g/8 oz/2 kopjes gewone bloem (voor alle doeleinden)

5 ml/1 theelepel bakpoeder

2,5 ml/½ theelepel zout

100 g gekookte wortelpuree

100 g gehakte walnoten

Klop de boter of margarine en de suiker licht en luchtig. Voeg geleidelijk het ei toe en voeg de bloem, bakpoeder en zout toe. Voeg wortels en gehakte walnoten toe. Schep kleine lepels op een ingevette bakplaat en bak in de voorverwarmde oven op 200°C/thermostaat 6 gedurende 10 minuten.

Oranje geglazuurde wortel- en walnootkoekjes

Dag 48

Voor koekjes (koekjes):

6 oz/¾ kopje/175 g boter of margarine, verzacht

100 g kristalsuiker

50 g/2 oz/¼ kopje zoete bruine suiker

1 ei, lichtgeklopt

225 g/8 oz/2 kopjes gewone bloem (voor alle doeleinden)

5 ml/1 theelepel bakpoeder

2,5 ml/½ theelepel zout

5 ml/1 theelepel vanille-essence (extract)

100 g / 4 oz / ½ kopje gekookte wortelpuree

100 g gehakte walnoten

Voor glazuur (glazuur):

175 g poedersuiker (banketbakkerssuiker), gezeefd

10 ml/2 theelepels geraspte sinaasappelschil

30 ml/2 eetlepels sinaasappelsap

Klop voor de koekjes de boter of margarine en de suiker licht en luchtig. Voeg geleidelijk het ei toe en voeg de bloem, bakpoeder en zout toe. Voeg de custard, wortelpuree en walnoten toe. Schep kleine lepels op een ingevette bakplaat en bak in de voorverwarmde oven op 200°C/thermostaat 6 gedurende 10 minuten.

Doe voor het glazuur de poedersuiker in een kom, voeg de sinaasappelschil toe en maak een kuiltje in het midden. Kook het sinaasappelsap geleidelijk aan tot je een glad maar vrij dik glazuur

verkrijgt. Verspreid over koekjes terwijl ze nog warm, koud en
verhard zijn.

kersen koekjes

Dag 48

100 g/4 oz/½ kopje boter of margarine, verzacht

100 g kristalsuiker

1 losgeklopt ei

5 ml/1 theelepel vanille-essence (extract)

225 g/8 oz/2 kopjes gewone bloem (voor alle doeleinden)

2 oz/50 g/¼ kopje geglazuurde (gekonfijte) kersen, gehakt

Klop de boter of margarine en de suiker licht en luchtig. Voeg geleidelijk het ei en de vanille-essence toe, voeg vervolgens de bloem en de kersen toe en kneed tot je een homogeen deeg verkrijgt. Vorm een bal, wikkel hem in plasticfolie en zet hem 1 uur in de koelkast.

Rol het deeg uit tot een dikte van ¼/5 mm en steek er plakjes uit met een koekjesvormer. Leg ze op een ingevette bakplaat en bak ze in een voorverwarmde oven op 200°C/thermostaat 6 gedurende 10 minuten tot ze goudbruin zijn. Laat 5 minuten afkoelen op de bakplaat voordat je het op een rooster legt om het afkoelen te voltooien.

Kersen- en amandelringen

geef 24

100 g/4 oz/½ kopje boter of margarine, verzacht

100 g kristalsuiker (extra fijn) plus extra om te bestuiven

1 ei, gescheiden

225 g/8 oz/2 kopjes gewone bloem (voor alle doeleinden)

5 ml/1 theelepel bakpoeder

5 ml/1 theelepel geraspte citroenschil

60 ml/4 eetl. gekonfijte kersen

2 oz/½ kopje/50 g geschaafde amandelen (gehakt)

Klop de boter of margarine en de suiker licht en luchtig. Klop geleidelijk de eidooier erdoor en voeg vervolgens de bloem, het bakpoeder, de citroenschil en de kersen toe. Werk af met je handen tot het mengsel samenkomt. Rol het uit tot een schijf van ¼/5 mm en steek cirkels van 2¼/6 cm uit met een koekjesvormer. Steek vervolgens de middens uit met een ¾/2 cm koekjesvormer. Leg de koekjes voorzichtig op een ingevette bakplaat en prik er met een vork gaatjes in. Bak in een voorverwarmde oven op 180°C/350°F/thermostaat 4 gedurende 10 minuten. Bestrijk ze met eiwit, bestrooi ze met amandelen en suiker en zet ze nog eens 5 minuten in de oven tot ze lichtbruin zijn.

Chocoladeboterkoekjes

geef 24

100 g/4 oz/½ kopje boter of margarine

50 g kristalsuiker

100 g zelfrijzend bakmeel

30 ml/2 eetlepels cacaopoeder (ongezoete chocolade).

Klop de boter of margarine en de suiker licht en luchtig. Meng de bloem en cacao tot je een stevig deeg krijgt. Vorm grote balletjes ter grootte van een walnoot en plaats ze ver uit elkaar op een ingevette bakplaat. Maak ze vervolgens een beetje plat met een vork. Bak de koekjes (koekjes) in de voorverwarmde oven op 180°C gedurende 15 minuten goudbruin.

Chocolade- en kersenbroodjes

geef 24

100 g/4 oz/½ kopje boter of margarine, verzacht

100 g kristalsuiker

1 ei

2,5 ml/½ theelepel vanille-essence (extract)

225 g/8 oz/2 kopjes gewone bloem (voor alle doeleinden)

5 ml/1 theelepel bakpoeder

een snufje zout

25 g/1 oz/¼ kopje cacaopoeder (ongezoete chocolade).

1 oz/25 g/2 eetlepels geglazuurde kersen (gekonfijt), gehakt

Klop de boter en de suiker licht en luchtig. Voeg geleidelijk het ei en de vanille-essence toe en meng vervolgens de bloem, het bakpoeder en het zout tot een stevig deeg. Verdeel het deeg in tweeën en meng de cacao aan de ene kant en de kersen aan de andere kant. Wikkel het in aluminiumfolie (plasticfolie) en zet het 30 minuten in de koelkast.

Rol elk stuk deeg uit tot een rechthoek van ongeveer 1/8/3 mm dik, leg ze op elkaar en druk ze voorzichtig aan met een deegroller. Rol de langere zijde op en druk zachtjes aan. Snijd ze in plakjes van 1/2 cm dik en verdeel ze afzonderlijk over een ingevette bakplaat. Bak in een voorverwarmde oven op 200°C/400°F/thermostaat 6 gedurende 10 minuten.

Chocoladetaartjes

geef 24

75 g boter of margarine

175 g/6 oz/1½ kopjes gewone bloem (universeel)

5 ml/1 theelepel bakpoeder

snufje zuiveringszout (bakingsoda)

50 g/2 oz/¼ kopje zoete bruine suiker

45 ml/3 eetlepels gouden siroop (lichte maïs)

100 g/4 oz/1 kopje chocoladestukjes

Boter of margarine wordt ingewreven met bloem, bakpoeder en zuiveringszout totdat het mengsel op broodkruimels lijkt. Voeg suiker, siroop en chocoladestukjes toe en meng tot een gladde massa. Vorm er balletjes van en leg ze op een ingevette bakplaat, druk ze lichtjes aan om ze plat te maken. Bak de koekjes in de oven, voorverwarmd op 190°C/thermostaat 5, gedurende 15 minuten goudbruin.

Chocolade- en bananenkoekjes

geef 24

75 g boter of margarine

175 g/6 oz/1½ kopjes gewone bloem (universeel)

5 ml/1 theelepel bakpoeder

2,5 ml/½ theelepel zuiveringszout (zuiveringszout)

50 g/2 oz/¼ kopje zoete bruine suiker

45 ml/3 eetlepels gouden siroop (lichte maïs)

50 g/2 oz/½ kopje chocoladestukjes

2 oz/½ kop/50 g gedroogde bananenchips, grof gehakt

Boter of margarine wordt ingewreven met bloem, bakpoeder en zuiveringszout totdat het mengsel op broodkruimels lijkt. Voeg de suiker, siroop, chocolade en bananenchips toe en meng tot je een homogeen deeg verkrijgt. Vorm er balletjes van en leg ze op een ingevette bakplaat, druk ze lichtjes aan om ze plat te maken. Bak de koekjes in de oven, voorverwarmd op 190°C/thermostaat 5, gedurende 15 minuten goudbruin.

Chocolade- en notenhapjes

geef 24

2 oz/¼ kopje/50 g boter of margarine, verzacht

175 g kristalsuiker

1 ei

5 ml/1 theelepel vanille-essence (extract)

25 g/¼ kopje natuurlijke chocolade (halfzoet), gesmolten

100 g/4 oz/1 kopje gewone bloem (universeel)

5 ml/1 theelepel bakpoeder

een snufje zout

30 ml/2 eetlepels melk

25 g gehakte walnoten

Poedersuiker (zoetwaren), gezeefd, om te bestrooien

Klop de boter of margarine en de poedersuiker licht en luchtig. Voeg geleidelijk het ei en de vanille-essence toe en voeg vervolgens de chocolade toe. Meng de bloem, de gist en het zout en voeg dit afwisselend met de melk toe aan het mengsel. Voeg de noten toe, dek af en zet 3 uur in de koelkast.

Rol het mengsel in balletjes van 3 cm en rol ze door de poedersuiker. Leg ze op een licht ingevette bakplaat en bak ze in een voorverwarmde oven op 180°C gedurende 15 minuten tot ze lichtbruin zijn. Serveer bestrooid met poedersuiker.

Amerikaanse chocoladerepen

geef 20

225 g reuzel (ingekort)

225 g/8 oz/1 kopje zoete bruine suiker

100 g kristalsuiker

5 ml/1 theelepel vanille-essence (extract)

2 eieren, lichtgeklopt

175 g/6 oz/1½ kopjes gewone bloem (universeel)

5 ml/1 theelepel zout

5 ml/1 theelepel zuiveringszout (zuiveringszout)

225 g/8 oz/2 kopjes haver

350 g/12 oz/3 kopjes chocoladestukjes

Klop de boter, suiker en custard licht en luchtig. Voeg beetje bij
beetje de eieren toe. Voeg de bloem, het zout, het zuiveringszout
en de haver toe en voeg vervolgens de chocoladestukjes toe. Schep
lepels van het mengsel op een ingevette bakplaat en bak in de
voorverwarmde oven op 180°C/thermostaat 4 gedurende
ongeveer 10 minuten tot ze goudbruin zijn.

chocolade crèmes

geef 24

6 oz/¾ kopje/175 g boter of margarine, verzacht

175 g kristalsuiker

225 g/8 oz/2 kopjes zelfrijzend bakmeel (gerezen)

75 g/3 oz/¾ kopje geraspte kokosnoot (versnipperd)

4 oz/100 g gemalen cornflakes

25 g/1 oz/¼ kopje cacaopoeder (ongezoete chocolade).

60 ml/4 eetlepels kokend water

100 g/4 oz/1 kopje natuurlijke chocolade (halfzoet)

Klop de boter of margarine en de suiker los en voeg de bloem, kokosnoot en cornflakes toe. Voeg de cacao toe aan het kokende water en voeg vervolgens toe aan het mengsel. Vorm balletjes van 1/2 cm, leg ze op een ingevette bakplaat en druk ze lichtjes aan met een vork. Bak in een voorverwarmde oven op 180°C/thermostaat 4 gedurende 15 minuten tot ze goudbruin zijn.

Smelt de chocolade in een hittebestendige kom boven kokend water. Verdeel de helft van de koekjes (koekjes) erover en druk de andere helft aan. Laten afkoelen.

Chocolade- en hazelnootkoekjes

Dag 16

200 g/ongeveer 1 kop boter of margarine, verzacht

50 g kristalsuiker

100 g/4 oz/½ kopje zoete bruine suiker

10 ml/2 theelepels vanille-essence (extract)

1 losgeklopt ei

275 g/10 oz/2½ kopjes gewone bloem (universeel)

50 g/2 oz/½ kopje cacaopoeder (ongezoete chocolade).

5 ml/1 theelepel bakpoeder

75 g/3 oz/¾ kopje hazelnoten

8 oz/225 g/2 kopjes witte chocolade, gehakt

Klop de boter of margarine, de suiker en de vanille-essence licht en luchtig en voeg het ei toe. Voeg de bloem, cacao en bakpoeder toe. Voeg noten en chocolade toe tot alles gemengd is. Vorm er 16 balletjes van en verdeel ze gelijkmatig over een beklede en ingevette bakplaat. Druk ze vervolgens iets plat met de achterkant van een lepel. Bak in een voorverwarmde oven op 160°C/325°F/thermostaat 3 gedurende ongeveer 15 minuten, tot het stevig maar nog steeds enigszins zacht is.

Chocolade- en nootmuskaatkoekjes

geef 24

2 oz/¼ kopje/50 g boter of margarine, verzacht

100 g kristalsuiker

15 ml/1 eetlepel cacaopoeder (ongezoete chocolade).

1 eierdooier

2,5 ml/½ theelepel vanille-essence (extract)

150 g/5 oz/1¼ kopjes gewone bloem (universeel)

5 ml/1 theelepel bakpoeder

Een snufje geraspte nootmuskaat

60 ml/4 eetl. zure room

Klop de boter of margarine en de suiker licht en luchtig. Voeg de cacao toe. Klop de dooier en de vanille-essence en voeg de bloem, bakpoeder en nootmuskaat toe. Voeg de room toe tot een gladde massa. Dek af en koel.

Rol het deeg uit tot een dikte van ¼/5 mm en steek het uit met een koekjesvormer van 2/5 cm. Plaats de koekjes op een niet-ingevette bakplaat en bak ze in een voorverwarmde oven op 200°C/thermostaat 6 gedurende 10 minuten tot ze goudbruin zijn.

Met chocolade bedekte koekjes

Dag 16

6 oz/¾ kopje/175 g boter of margarine, verzacht

75 g kristalsuiker

175 g/6 oz/1½ kopjes gewone bloem (universeel)

50 g/2 oz/½ kopje gemalen rijst

Chocoladestukjes van 75 g/3 oz/¾ kopje

100 g/4 oz/1 kopje natuurlijke chocolade (halfzoet)

Klop de boter of margarine en de suiker licht en luchtig. Voeg de bloem en gemalen rijst toe en kneed de chocoladestukjes. Druk het in een ingevette cakevorm en prik er met een vork gaatjes in. Bak in een voorverwarmde oven op 160°C/thermostaat 3 gedurende 30 minuten tot ze goudbruin zijn. Markeer op je vingers terwijl ze nog warm zijn en laat ze volledig afkoelen.

Smelt de chocolade in een hittebestendige kom boven kokend water. Verdeel het over de koekjes en laat het afkoelen en rusten voordat je het met je vingers aansnijdt. Bewaren in een luchtdichte verpakking.

Sandwichkoekjes met koffie en chocolade

geef 40

Voor koekjes (koekjes):

175 g/6 oz/¾ kopje boter of margarine

25 g / 1 oz / 2 eetlepels silava (ingekort)

450 g gewone bloem (universeel)

een snufje zout

100 g/4 oz/½ kopje zoete bruine suiker

5 ml/1 theelepel zuiveringszout (zuiveringszout)

60 ml/4 eetlepels sterke zwarte koffie

5 ml/1 theelepel vanille-essence (extract)

100 g/4 oz/1/3 kop gouden siroop (lichte maïs)

Voor het vullen:

10 ml/2 theelepels oploskoffiepoeder

10 ml/2 theelepel kokend water

50 g kristalsuiker

25 g/1 oz/2 eetlepels boter of margarine

15 ml/1 eetlepel melk

Verdeel voor de koekjes de boter of de margarine en het reuzel met de bloem en het zout tot het mengsel op broodkruim lijkt. Voeg dan de bruine suiker toe. Meng de baking soda met een kleine hoeveelheid koffie, voeg de resterende koffie, vanille-essence en siroop toe en meng tot je een gladde pasta krijgt. Doe het in een licht ingevette kom, dek af met plasticfolie (huishoudfolie) en laat een nacht staan.

Rol het deeg op een licht met bloem bestoven oppervlak uit tot een dikte van ongeveer ½/1 cm en snijd het in twee vierkanten van ¾ x 3/7,5 cm. Prik elk stuk met een vork, zodat er een ribbelpatroon ontstaat. Leg het geheel op een ingevette bakplaat en bak het in een voorverwarmde oven op 200°C/thermostaat 6 gedurende 10 minuten tot het goudbruin is. Laat afkoelen op een rooster.

Los voor de vulling het koffiepoeder op in kokend water in een kleine pan, meng de overige ingrediënten erdoor en breng aan de kook. Kook gedurende 2 minuten, haal dan van het vuur en klop tot het dik en afgekoeld is. Sandwiches op koekjes met vulling.

kerstkoekjes

geef 24

100 g/4 oz/½ kopje boter of margarine, verzacht

100 g kristalsuiker

225 g/8 oz/2 kopjes gewone bloem (voor alle doeleinden)

een snufje zout

5 ml/1 theelepel gemalen kaneel

1 eierdooier

10 ml/2 theelepels koud water

Een paar druppels vanille-essence (extract)

Voor glazuur (glazuur):
8 oz/11/3 kopjes/225 g poedersuiker (banketbakkerssuiker), gezeefd

30 ml/2 eetlepels water

kleurstof voor levensmiddelen (optioneel)

Klop de boter en de suiker licht en luchtig. Voeg de bloem, het zout en de kaneel toe, voeg vervolgens het eigeel, het water en het vanille-extract toe en roer tot je een stevig deeg hebt. Verpak in plasticfolie en zet 30 minuten in de koelkast.

Rol het deeg uit tot een dikte van ¼/5 mm en steek er kerstmotieven uit met een koekjesvormer of een scherp mes. Prik een gaatje in de bovenkant van elk koekje als je ze aan een boom wilt hangen. Plaats de vormpjes op een ingevette bakplaat en bak ze in de voorverwarmde oven op 200°C/thermostaat 6 gedurende 10 minuten tot ze goudbruin zijn. Laten afkoelen.

Voeg geleidelijk water toe aan de poedersuiker tot het glazuur behoorlijk dik is. Verf een kleine hoeveelheid met verschillende kleuren als je wilt. Plaats de patronen op de koekjes en laat ze uitharden. Rijg een lusje lint of draad door het ophanggat.

kokoskoekjes

Dag 32

50 g/2 oz/3 eetlepels gouden siroop (lichte maïs)

2/3 kop/5 oz/150 g boter of margarine

100 g kristalsuiker

100 g/4 oz/1 kopje gewone bloem (universeel)

75 g/3 oz/¾ kopje haver

50 g/2 oz/½ kopje geraspte kokosnoot (versnipperd)

10 ml/2 theelepels zuiveringszout (zuiveringszout)

15 ml/1 eetlepel heet water

Smelt de siroop, boter of margarine en suiker. Voeg de bloem, havermout en geraspte kokosnoot toe. Meng de baking soda met het hete water en voeg vervolgens de rest van de ingrediënten toe. Laat het mengsel iets afkoelen, verdeel het in 32 porties en vorm er een bal van. De koekjes (koekjes) worden platgedrukt en op een ingevette bakplaat gelegd. Bak in een voorverwarmde oven op 160°C/thermostaat 3 gedurende 20 minuten tot ze goudbruin zijn.

Maïskoekjes met fruitroom

geef 12

150 g volkorenmeel

150 g maïzena

10 ml / 2 theelepels bakpoeder

een snufje zout

225 g/8 oz/1 kopje yoghurt

75 g/3 oz/¼ kopje lichte honing

2 eieren

45 ml/3 eetlepels olie

Voor de fruitcrème:

2/3 kop/5 oz/150 g boter of margarine, verzacht

sap van 1 citroen

Een paar druppels vanille-essence (extract)

30 ml/2 eetlepels fijne suiker

225 g aardbeien

Meng bloem, maïsmeel, bakpoeder en zout. Voeg de yoghurt, honing, eieren en olie toe en meng tot je een homogeen deeg verkrijgt. Rol op een licht met bloem bestoven oppervlak een deegroller van ongeveer 1/2 cm dik uit en snijd deze in grote cirkels. Leg ze op een ingevette bakplaat en bak ze in een voorverwarmde oven op 200°C/thermostaat 6 gedurende 15 minuten tot ze goudbruin zijn.

Om de fruitroom te maken, meng je boter of margarine, citroensap, vanillesuiker en suiker. Bewaar een paar aardbeien om te versieren, hak de rest fijn en passeer door een zeef als je een pitloze crème (steen) wilt. Voeg het botermengsel toe en laat afkoelen. Smeer voor het serveren een rozet room over elk koekje.

Cornish koekjes

geef 20

225 g/8 oz/2 kopjes zelfrijzend bakmeel (gerezen)

een snufje zout

100 g/4 oz/½ kopje boter of margarine

2/3 kop/6 oz/175 g kristalsuiker

1 ei

Poedersuiker (zoetwaren), gezeefd, om te bestrooien

Meng de bloem en het zout in een kom en klop de boter of margarine erdoor tot het mengsel op broodkruim lijkt. Meng de suiker. Voeg het ei toe en kneed tot je een soepel deeg krijgt. Rol het dun uit op een met bloem bestoven oppervlak en snij het vervolgens in plakjes.

Leg ze op een ingevette bakplaat en bak ze in de voorverwarmde oven op 200°C/thermostaat 6 gedurende ongeveer 10 minuten goudbruin.

Volkoren crackers met rozijnen

Dag 36

100 g/4 oz/½ kopje boter of margarine, verzacht

50 g/2 oz/¼ kopje demerarasuiker

2 eieren, gescheiden

100 g rozijnen

225 g volkorenmeel

100 g/4 oz/1 kopje gewone bloem (universeel)

5 ml/1 theelepel. gemalen kruiden (appeltaart)

¼ pt/150 ml/2/3 kop melk plus extra borstelen

Klop de boter of margarine en de suiker licht en luchtig. Klop de eidooiers los en voeg de krenten toe. Meng het bloem- en kruidenmengsel en voeg het melkmengsel toe. Klop de eiwitten glad en spatel ze door het mengsel tot een zacht deeg. Rol het deeg uit op een licht met bloem bestoven werkblad en steek het vervolgens uit met een koekjesvormer van 5 cm. Leg ze op een ingevette bakplaat en bestrijk ze met melk. Bak in een voorverwarmde oven op 180°C/thermostaat 4 gedurende 20 minuten tot ze goudbruin zijn.

Datumsandwichkoekjes

Geef het 30

8 oz/1 kop boter of margarine, verzacht

450 g zoete bruine suiker

225 g/8 oz/2 kopjes havermout

225 g/8 oz/2 kopjes gewone bloem (voor alle doeleinden)

2,5 ml/½ theelepel zuiveringszout (zuiveringszout)

een snufje zout

120 ml/4 oz/½ kopje melk

225 g ontpitte dadels (zonder pit), zeer fijngehakt

250 ml / 8 fl oz / 1 kopje water

Klop de boter of margarine en de helft van de suiker licht en luchtig. Meng de droge ingrediënten en voeg deze, afgewisseld met de melk, toe aan de slagroom tot er een stevig deeg ontstaat. Rol het uit op een licht met bloem bestoven oppervlak en snijd het in ronde stukken met een koekjesvormer. Leg ze op een ingevette bakplaat en bak ze in een voorverwarmde oven op 180°C/thermostaat 4 gedurende 10 minuten tot ze goudbruin zijn.

Doe alle overige ingrediënten in een pan en breng aan de kook. Zet het vuur lager en laat 20 minuten sudderen tot het dikker wordt, af en toe roeren. Laten afkoelen. Verdeel de vulling over de koekjes.

Spijsverteringscrackers (Graham Crackers)

geef 24

175 g volkorenmeel

50 g/2 oz/½ kopje bloem (universeel)

50 g/2 oz/½ kopje middelgrote haver

2,5 ml/½ theelepel zout

5 ml/1 theelepel bakpoeder

100 g/4 oz/½ kopje boter of margarine

30 ml/2 eetlepels bruine suiker

60 ml/4 eetlepels melk

Meng de bloem, havermout, zout en bakpoeder, voeg de boter of margarine toe en voeg de suiker toe. Voeg geleidelijk de melk toe en meng tot je een glad deeg krijgt. Kneed goed tot het niet meer plakkerig is. Rol uit tot een dikte van 5 mm/¼ en snij met een koekjesvormer in plakjes van 5 cm/2. Leg het op een ingevette bakplaat en bak in de voorverwarmde oven op 180°C/thermostaat 4 gedurende ongeveer 15 minuten.

paaskoekjes

geef 20

75 g/3 oz/1/3 kop boter of margarine, verzacht

100 g kristalsuiker

1 eierdooier

150 g zelfrijzend bakmeel (gerezen)

5 ml/1 theelepel. gemalen kruiden (appeltaart)

15 ml/1 eetlepel gehakte gemengde schillen (gekonfijt)

50 g rozijnen

15 ml/1 eetlepel melk

Poedersuiker (extra fijn) om te bestrooien

Klop de boter of margarine en de suiker schuimig. Klop de dooier los en voeg de bloem en kruiden toe. Voeg de schil, de krenten en voldoende melk toe om een stevig deeg te maken. Rol uit tot een dikte van ongeveer 5 mm/¼ en snij met een koekjesvormer in plakjes van 5 cm/2. Leg de koekjes op een ingevette bakplaat en prik er met een vork gaatjes in. Bak in een voorverwarmde oven op 180°C/thermostaat 4 gedurende ongeveer 20 minuten tot ze goudbruin zijn. Bestrooi het met suiker.

Florentijnen

geef 40

100 g/4 oz/½ kopje boter of margarine

100 g kristalsuiker

15 ml/1 eetlepel slagroom

100 g gehakte walnoten

75 g/3 oz/½ kopje rozijnen (gouden rozijnen)

50 g geglazuurde kersen (gekonfijt)

Smelt de boter of margarine, de suiker en de room in een pan op laag vuur. Haal van het vuur en voeg walnoten, rozijnen en kristalkersen toe. Schep theelepels vol op een met rijstpapier beklede bakplaat. Bak in een voorverwarmde oven op 180°C/thermostaat 4 gedurende 10 minuten. Laat het 5 minuten afkoelen op vellen, doe het dan op een rooster om volledig af te koelen en verwijder het overtollige rijstpapier.

Florentijnse chocolade

geef 40

100 g/4 oz/½ kopje boter of margarine

100 g kristalsuiker

15 ml/1 eetlepel slagroom

100 g gehakte walnoten

75 g/3 oz/½ kopje rozijnen (gouden rozijnen)

50 g geglazuurde kersen (gekonfijt)

100 g/4 oz/1 kopje natuurlijke chocolade (halfzoet)

Smelt de boter of margarine, de suiker en de room in een pan op laag vuur. Haal van het vuur en voeg walnoten, rozijnen en kristalkersen toe. Schep theelepels vol op een met rijstpapier beklede bakplaat. Bak in een voorverwarmde oven op 180°C/thermostaat 4 gedurende 10 minuten. Laat het 5 minuten afkoelen op vellen, doe het dan op een rooster om volledig af te koelen en verwijder het overtollige rijstpapier.

Smelt de chocolade in een hittebestendige kom die boven kokend water staat. Verdeel het over de koekjes en laat afkoelen en rusten.

Luxe Florentijnse chocolade

geef 40

100 g/4 oz/½ kopje boter of margarine

100 g/4 oz/½ kopje zoete bruine suiker

15 ml/1 eetlepel slagroom

50 g/2 oz/¼ kopje geschaafde amandelen

50 g gehakte hazelnoten

75 g/3 oz/½ kopje rozijnen (gouden rozijnen)

50 g geglazuurde kersen (gekonfijt)

100 g/4 oz/1 kopje natuurlijke chocolade (halfzoet)

50 g witte chocolade

Smelt de boter of margarine, de suiker en de room in een pan op laag vuur. Haal van het vuur en voeg walnoten, rozijnen en kristalkersen toe. Schep theelepels vol op een met rijstpapier beklede bakplaat. Bak in een voorverwarmde oven op 180°C/thermostaat 4 gedurende 10 minuten. Laat het 5 minuten afkoelen op vellen, doe het dan op een rooster om volledig af te koelen en verwijder het overtollige rijstpapier.

Smelt de pure chocolade in een hittebestendige kom die boven kokend water staat. Verdeel het over de koekjes en laat afkoelen en rusten. Smelt de witte chocolade in een schone kom op dezelfde manier en giet de witte chocolade vervolgens willekeurig over de koekjes.

Fudge- en notenkoekjes

Geef het 30

75 g/3 oz/1/3 kop boter of margarine, verzacht

200 g/7 oz/slechts 1 kopje kristalsuiker

1 ei, lichtgeklopt

100 g kwark

5 ml/1 theelepel vanille-essence (extract)

150 g/5 oz/1¼ kopjes gewone bloem (universeel)

25 g/1 oz/¼ kopje cacaopoeder (ongezoete chocolade).

2,5 ml/½ theelepel bakpoeder

1,5 ml/¼ theelepel zuiveringszout (zuiveringszout)

een snufje zout

25 g gehakte walnoten

25 g / 1 oz / 2 eetlepels kristalsuiker

Klop de boter of margarine en de poedersuiker licht en luchtig.
Voeg geleidelijk het ei en de kwark toe. Meng de rest van de
ingrediënten, behalve de kristalsuiker, en meng tot je een zacht
deeg verkrijgt. Verpak het in aluminiumfolie (plasticfolie) en zet
het 1 uur in de koelkast.

Rol het deeg in balletjes ter grootte van een walnoot en rol ze door
de kristalsuiker. Plaats de koekjes op een ingevette bakplaat en
bak ze in een voorverwarmde oven op 180°C/thermostaat 4
gedurende 10 minuten.

Duitse pallets

geef 12

2 oz/¼ kopje/50 g boter of margarine

100 g/4 oz/1 kopje gewone bloem (universeel)

25 g / 1 oz / 2 eetlepels kristalsuiker

60 ml/4 eetlepels bramenjam (bewaard)

2/3 kop/100 g (banketbakkers) poedersuiker, gezeefd

15 ml / 1 eetlepel citroensap

Wrijf de boter door de bloem tot het mengsel op broodkruim lijkt. Voeg de suiker toe en pers de pasta uit. Rol uit tot een dikte van ¼/5 mm en snij in plakjes met een koekjesvormer. Leg het op een ingevette bakplaat en bak het in een voorverwarmde oven op 180°C/350°F/thermostaat 6 gedurende 10 minuten tot het is afgekoeld. Laten afkoelen.

Sandwiches op koekjes met jam. Doe de poedersuiker in een kom en maak een kuiltje in het midden. Voeg geleidelijk het citroensap toe om het glazuur te maken. Giet de koekjes erover en laat ze opstijven.

Gember koekje

geef 24

300 g/1¼ kopjes boter of margarine, verzacht

225 g/8 oz/1 kopje zoete bruine suiker

75 g/3 oz/¼ kopje donkere siroop (melasse)

1 ei

2¼ kopjes/9 oz/250 g bloem (universeel)

10 ml/2 theelepels zuiveringszout (zuiveringszout)

2,5 ml/½ theelepel zout

5 ml/1 theelepel gemalen gember

5 ml/1 theelepel gemalen kruidnagel

5 ml/1 theelepel gemalen kaneel

50 g kristalsuiker

Klop boter of margarine, bruine suiker, siroop en ei tot schuimig. Combineer bloem, frisdrank, zout en kruiden. Voeg het botermengsel toe en kneed tot een stevig deeg. Dek af en zet 1 uur in de koelkast.

Maak balletjes van het deeg en rol ze door de poedersuiker. Leg het goed op een ingevette bakplaat en besprenkel met een beetje water. Bak in een voorverwarmde oven op 190°C gedurende 12 minuten tot ze goudbruin en krokant zijn.

gember koekjes

geef 24

100 g/4 oz/½ kopje boter of margarine

225 g/8 oz/2 kopjes zelfrijzend bakmeel (gerezen)

5 ml/1 theelepel zuiveringszout (zuiveringszout)

5 ml/1 theelepel gemalen gember

100 g kristalsuiker

45 ml/3 eetlepels. gouden siroop (lichte maïs), verwarmd

Wrijf de boter of margarine door de bloem, het bakpoeder en de gember. Voeg de suiker toe, voeg de siroop toe en roer tot je een stevig deeg krijgt. Rol op een ingevette bakplaat balletjes ter grootte van een walnoot, op ruime afstand van elkaar en druk ze lichtjes aan met een vork. Bak de koekjes (koekjes) in de voorverwarmde oven op 190°C/thermostaat 5 gedurende 10 minuten.

peperkoek man

ongeveer 16 geleden

350 g zelfrijzend bakmeel (gerezen)

een snufje zout

10 ml/2 theelepels gemalen gember

100 g/4 oz/1/3 kop gouden siroop (lichte maïs)

75 g boter of margarine

25 g / 1 oz / 2 eetlepels kristalsuiker

1 ei, lichtgeklopt

Sommige krenten (optioneel)

Meng bloem, zout en gember. Smelt de siroop, boter of margarine en suiker in een pan. Laat iets afkoelen, voeg de droge ingrediënten met het ei toe en meng tot een stevig deeg ontstaat. Rol het uit op een licht met bloem bestoven oppervlak tot een dikte van ¼/5 mm en snij het uit met een koekjesvormer. De te bereiden hoeveelheid is afhankelijk van de grootte van de aardbeien. Leg ze op een licht ingevette bakplaat en druk indien gewenst voorzichtig in de krentenkoekjes voor ogen en puistjes. Bak in een voorverwarmde oven op 180°C/thermostaat 4 gedurende 15 minuten tot ze goudbruin en stevig zijn.

Volkoren gemberkoekjes

geef 24

200 g volkorenmeel

10 ml / 2 theelepels bakpoeder

10 ml/2 theelepels gemalen gember

100 g/4 oz/½ kopje boter of margarine

50 g/2 oz/¼ kopje zoete bruine suiker

60 ml/4 eetlepels lichte honing

Meng de bloem, bakpoeder en gember. Smelt de boter of margarine met de suiker en honing, voeg dan de droge ingrediënten toe en meng tot een stevig deeg. Rol het uit op een met bloem bestoven werkblad en steek er met een koekjesvormer plakjes uit. Leg ze op een ingevette bakplaat en bak ze in een voorverwarmde oven op 190°C/thermostaat 5 gedurende 12 minuten, tot het oppervlak goudbruin en krokant is.

Peperkoek en rijstkoekjes

geef 12

225 g/8 oz/2 kopjes gewone bloem (voor alle doeleinden)

2,5 ml/½ theelepel gemalen foelie

10 ml/2 theelepels gemalen gember

75 g boter of margarine

175 g kristalsuiker

1 losgeklopt ei

5 ml/1 theelepel citroensap

30 ml/2 eetlepels. gemalen rijst

Meng de bloem en de kruiden, voeg de boter of margarine toe tot het mengsel op broodkruim lijkt en voeg de suiker toe. Meng het ei en het citroensap tot een stevig deeg en kneed het voorzichtig tot een glad deeg. Bestrooi het werkblad met gemalen rijst en rol het deeg uit tot een dikte van 1/2 cm. Snij met een deegsnijder in stukken van 5 cm/2. Leg ze op een ingevette bakplaat en bak ze in een voorverwarmde oven op 180°C/350°F/thermostaat 4 gedurende 20 minuten tot ze stevig zijn.

gouden koekjes

Dag 36

75 g/3 oz/1/3 kop boter of margarine, verzacht

200 g/7 oz/slechts 1 kopje kristalsuiker

2 eieren, lichtgeklopt

225 g/8 oz/2 kopjes gewone bloem (voor alle doeleinden)

10 ml / 2 theelepels bakpoeder

5 ml/1 theelepel geraspte nootmuskaat

een snufje zout

Ei of melk om in te vriezen

Poedersuiker (extra fijn) om te bestrooien

Klop de boter of margarine en de suiker schuimig. Voeg geleidelijk de eieren toe, voeg vervolgens de bloem, bakpoeder, nootmuskaat en zout toe en meng tot je een glad deeg hebt. Dek af en laat 30 minuten rusten.

Rol het deeg op een licht met bloem bestoven oppervlak uit tot een dikte van ongeveer ¼/5 mm en snijd het in plakjes met een koekjesvormer. Leg ze op een ingevette bakplaat, bestrijk ze met ei of melk en bestrooi ze met suiker. Bak in een voorverwarmde oven op 200°C/thermostaat 6 gedurende 8-10 minuten tot ze goudbruin zijn.

hazelnoot koekjes

geef 24

100 g/4 oz/½ kopje boter of margarine, verzacht

50 g kristalsuiker

100 g/4 oz/1 kopje gewone bloem (universeel)

25 g gemalen hazelnoten

Klop de boter of margarine en de suiker licht en luchtig. Voeg geleidelijk bloem en noten toe tot het deeg stevig is. Vorm er balletjes van en leg ze op een ingevette bakplaat. Bak de koekjes 20 minuten in de voorverwarmde oven op 180°C/thermostaat 4.

Krokante hazelnootkoekjes

geef 40

100 g/4 oz/½ kopje boter of margarine, verzacht

100 g kristalsuiker

1 losgeklopt ei

5 ml/1 theelepel vanille-essence (extract)

175 g/6 oz/1½ kopjes gewone bloem (universeel)

50 g gemalen hazelnoten

50 g gehakte hazelnoten

Klop de boter of margarine en de suiker licht en luchtig. Voeg geleidelijk het ei en de vanille-essence toe, voeg vervolgens de bloem, het hazelnootpoeder en de hazelnoten toe en kneed tot je een deeg krijgt. Vorm een bal, wikkel hem in plasticfolie en zet hem 1 uur in de koelkast.

Rol het deeg uit tot een dikte van ¼/5 mm en steek er plakjes uit met een koekjesvormer. Leg ze op een ingevette bakplaat en bak ze in een voorverwarmde oven op 200°C/thermostaat 6 gedurende 10 minuten tot ze goudbruin zijn.

Hazelnoot- en amandelkoekjes

geef 24

100 g/4 oz/½ kopje boter of margarine, verzacht

3 oz/75 g/½ kopje poedersuiker (banketbakkerssuiker), gezeefd

50 g gemalen hazelnoten

50 g gemalen amandelen

100 g/4 oz/1 kopje gewone bloem (universeel)

5 ml/1 theelepel amandelessence (extract)

een snufje zout

Klop de boter of margarine en de suiker licht en luchtig. Meng de overige ingrediënten tot een stevige pasta ontstaat. Vorm er een bal van, dek af met plasticfolie en zet 30 minuten in de koelkast.

Rol het deeg uit tot een dikte van ongeveer 1/2 cm en steek er plakjes uit met een koekjesvormer. Leg ze op een ingevette bakplaat en bak ze in een voorverwarmde oven op 180°C/thermostaat 4 gedurende 15 minuten tot ze goudbruin zijn.

Honing Koekjes

geef 24

75 g boter of margarine

100 g/4 oz/1/3 kop honing

225 g volkorenmeel

5 ml/1 theelepel bakpoeder

een snufje zout

2 oz/¼ kopje/50 g muscovadosuiker

5 ml/1 theelepel gemalen kaneel

1 ei, lichtgeklopt

Smelt boter of margarine en honing tot ze gecombineerd zijn.
Meng de andere ingrediënten. Schep lepels van het mengsel op een
ingevette bakplaat en bak in de voorverwarmde oven op
180°C/thermostaat 4 gedurende 15 minuten tot ze goudbruin zijn.
Laat 5 minuten afkoelen voordat u het op een rooster legt om het
afkoelen te voltooien.

ratafia honing

geef 24

2 eiwitten

100 g gemalen amandelen

Een paar druppels amandelessence (extract)

100 g/4 oz/1/3 kopje natuurlijke honing

rijstpapier

Klop de eiwitten op tot er stijve pieken ontstaan. Voeg voorzichtig
de amandelen, amandelessence en honing toe. Schep lepels van het
mengsel op een bakplaat bekleed met rijstpapier en bak in een
voorverwarmde oven op 180°C/thermostaat 4 gedurende 15
minuten tot ze goudbruin zijn. Laat het iets afkoelen en verwijder
dan het papier.

Karnemelk- en honingkoekjes

geef 12

2 oz/¼ kopje/50 g boter of margarine

225 g/8 oz/2 kopjes zelfrijzend bakmeel (gerezen)

175 ml / 6 fl oz / ¾ kopje karnemelk

45 ml/3 eetlepels lichte honing

Kneed de boter of margarine met de bloem tot het mengsel op broodkruim lijkt. Combineer de karnemelk en honing en mix tot je een stevige pasta hebt. Leg het op een licht met bloem bestoven oppervlak en kneed tot een gladde massa, rol het vervolgens uit tot een dikte van ¾/2 cm en snijd het in cirkels van 2/5 cm met een koekjesvormer. Leg ze op een ingevette bakplaat en bak ze in een voorverwarmde oven op 230°C/thermostaat 8 gedurende 10 minuten tot ze goudbruin zijn.

Citroenboterkoekjes

geef 20

100 g gemalen rijst

100 g/4 oz/1 kopje gewone bloem (universeel)

75 g kristalsuiker

een snufje zout

2,5 ml/½ theelepel bakpoeder

100 g/4 oz/½ kopje boter of margarine

schil van 1 citroen

1 losgeklopt ei

Meng gemalen rijst, bloem, suiker, zout en bakpoeder. Kneed de boter tot het mengsel op broodkruim lijkt. Voeg de citroenschil toe en meng er voldoende eieren door tot een stevig deeg. Even doorkneden, uitrollen op een met bloem bestoven werkblad en met een koekjesvormpje vormpjes uitsteken. Leg het op een ingevette bakplaat en bak in een voorverwarmde oven op 180°C/350°F/thermostaat 4 gedurende 30 minuten. Laat iets afkoelen op de bakplaat en breng het vervolgens over naar een rooster om volledig af te koelen.

Citroenkoekjes

geef 24

100 g/4 oz/½ kopje boter of margarine

100 g kristalsuiker

1 ei, lichtgeklopt

225 g/8 oz/2 kopjes gewone bloem (voor alle doeleinden)

5 ml/1 theelepel bakpoeder

Schil van ½ citroen

5 ml/1 theelepel citroensap

30 ml/2 eetlepels demerarasuiker

Smelt de boter of margarine en de banketbakkerssuiker op laag vuur, onder voortdurend roeren, tot het mengsel dikker begint te worden. Haal van het vuur en voeg het ei, de bloem, het bakpoeder, de citroenschil en het sap toe en meng tot een pasta. Dek af en zet 30 minuten in de koelkast.

Maak balletjes van het deeg en leg ze op een ingevette bakplaat, druk ze aan met een vork. Bestrooi met demerarasuiker. Bak in een voorverwarmde oven op 180°C/350°F/thermostaat 4 gedurende 15 minuten.

goede Tijden

Dag 16

100 g/4 oz/½ kopje boter of margarine, verzacht

75 g kristalsuiker

1 losgeklopt ei

150 g/5 oz/1¼ kopjes gewone bloem (universeel)

10 ml / 2 theelepels bakpoeder

een snufje zout

8 geglazuurde kersen (gekonfijt), in tweeën gesneden

Klop de boter of margarine en de suiker licht en luchtig. Voeg geleidelijk het ei toe en voeg de bloem, bakpoeder en zout toe. Kneed voorzichtig een zacht deeg. Maak 16 balletjes van gelijke grootte van het deeg en plaats ze goed verdeeld op een ingevette bakplaat. Druk ze een beetje plat en plaats er een halve kers op. Bak in een voorverwarmde oven op 180°C/350°F/thermostaat 4 gedurende 15 minuten. Laat 5 minuten afkoelen op de bakplaat en breng het dan over naar een rooster om volledig af te koelen.

muesli koekjes

geef 24

100 g/4 oz/½ kopje boter of margarine

100 g/4 oz/1/3 kopje natuurlijke honing

75 g zoete bruine suiker

100 g volkorenmeel

100 g/4 oz/1 kop haver

50 g rozijnen

50 g/2 oz/1/3 kop rozijnen (gouden rozijnen)

2 ons / 1/3 kop ontpitte dadels (ontpit), gehakt

2 ons / 1/3 kop kant-en-klare gedroogde abrikozen, gehakt

1 ounce/¼ kopje walnoten, gehakt

25 g/1 oz/¼ kopje gehakte hazelnoten

Smelt boter of margarine met honing en suiker. Voeg de overige ingrediënten toe en meng tot je een stevig deeg verkrijgt. Schep een theelepel vol op een ingevette bakplaat en druk gelijkmatig aan. Bak de koekjes (koekjes) in de oven, voorverwarmd op 180°C/350°F/thermostaat 4, gedurende 20 minuten tot ze goudbruin zijn.